ENGLISH SWEDISH

THEME-BASED DICTIONARY

Contains over 7000 commonly used words

T&P BOOKS PUBLISHING

Theme-based dictionary British English-Swedish - 7000 words
British English collection

By Andrey Taranov

T&P Books vocabularies are intended for helping you learn, memorize and review foreign words. The dictionary is divided into themes, covering all major spheres of everyday activities, business, science, culture, etc.

The process of learning words using T&P Books' theme-based dictionaries gives you the following advantages:

- Correctly grouped source information predetermines success at subsequent stages of word memorization
- Availability of words derived from the same root allowing memorization of word units (rather than separate words)
- Small units of words facilitate the process of establishing associative links needed for consolidation of vocabulary
- Level of language knowledge can be estimated by the number of learned words

T&P Books Publishing
www.tpbooks.com

ISBN: 978-1-78400-154-4

This book is also available in E-book formats.
Please visit www.tpbooks.com or the major online bookstores.

SWEDISH THEME-BASED DICTIONARY
British English collection

T&P Books vocabularies are intended to help you learn, memorize, and review foreign words. The vocabulary contains over 7000 commonly used words arranged thematically.

* Vocabulary contains the most commonly used words
* Recommended as an addition to any language course
* Meets the needs of beginners and advanced learners of foreign languages
* Convenient for daily use, revision sessions, and self-testing activities
* Allows you to assess your vocabulary

Special features of the vocabulary

* Words are organized according to their meaning, not alphabetically
* Words are presented in three columns to facilitate the reviewing and self-testing processes
* Words in groups are divided into small blocks to facilitate the learning process
* The vocabulary offers a convenient and simple transcription of each foreign word

The vocabulary has 198 topics including:

Basic Concepts, Numbers, Colors, Months, Seasons, Units of Measurement, Clothing & Accessories, Food & Nutrition, Restaurant, Family Members, Relatives, Character, Feelings, Emotions, Diseases, City, Town, Sightseeing, Shopping, Money, House, Home, Office, Working in the Office, Import & Export, Marketing, Job Search, Sports, Education, Computer, Internet, Tools, Nature, Countries, Nationalities and more ...

TABLE OF CONTENTS

PRONUNCIATION GUIDE

Letter	Swedish example	T&P phonetics alphabet	English example
Aa	bada	[ɑ], [a]	bath, to pass
Bb	tabell	[b]	baby, book
Cc [1]	licens	[s]	city, boss
Cc [2]	container	[k]	clock, kiss
Dd	andra	[d]	day, doctor
Ee	efter	[e]	elm, medal
Ff	flera	[f]	face, food
Gg [3]	gömma	[j]	yes, New York
Gg [4]	truga	[g]	game, gold
Hh	handla	[h]	home, have
Ii	tillhöra	[iː], [ɪ]	tree, big
Jj	jaga	[j]	yes, New York
Kk [5]	keramisk	[ɕ]	sheep, shop
Kk [6]	frisk	[k]	clock, kiss
Ll	tal	[l]	lace, people
Mm	medalj	[m]	magic, milk
Nn	panik	[n]	name, normal
Oo	tolv	[ɔ]	bottle, doctor
Pp	plommon	[p]	pencil, private
Qq	squash	[k]	clock, kiss
Rr	spelregler	[r]	trilled [r]
Ss	spara	[s]	city, boss
Tt	tillhöra	[t]	tourist, trip
Uu	ungefär	[u], [y]	soup, menu
Vv	overall	[v]	very, river
Ww [7]	kiwi	[w]	vase, winter
Xx	sax	[ks]	box, taxi
Yy	manikyr	[y], [yː]	fuel, tuna
Zz	zoolog	[s]	city, boss
Åå	sångare	[ə]	driver, teacher
Ää	tandläkare	[æ]	chess, man
Öö	kompositör	[ø]	eternal, church

Combinations of letters

Ss [8]	sjösjuka	[ʃ]	machine, shark
sk [9]	skicka	[ʃ]	machine, shark
s [10]	först	[ʃ]	machine, shark
Jj [11]	djärv	[j]	yes, New York
Lj [12]	ljus	[j]	yes, New York

Letter	Swedish example	T&P phonetics alphabet	English example
kj, tj	kjol	[ɕ]	sheep, shop
ng	omkring	[ŋ]	English, ring

Comments

˙ kj pronouns as sç
¨ ng transfers a nasal sound
[1] before e, i, y
[2] elsewhere
[3] before e, i, ä, ö
[4] elsewhere
[5] before e, i, ä, ö
[6] elsewhere
[7] in loanwords
[8] in sj, skj, stj
[9] before stressed e, i, y, ä, ö
[10] in combination rs
[11] in dj, hj, gj, kj
[12] at the beginning of words

ABBREVIATIONS
used in the dictionary

ab.	-	about
adj	-	adjective
adv	-	adverb
anim.	-	animate
as adj	-	attributive noun used as adjective
e.g.	-	for example
etc.	-	et cetera
fam.	-	familiar
fem.	-	feminine
form.	-	formal
inanim.	-	inanimate
masc.	-	masculine
math	-	mathematics
mil.	-	military
n	-	noun
pl	-	plural
pron.	-	pronoun
sb	-	somebody
sing.	-	singular
sth	-	something
v aux	-	auxiliary verb
vi	-	intransitive verb
vi, vt	-	intransitive, transitive verb
vt	-	transitive verb

Swedish articles

en	-	common gender
ett	-	neuter
den	-	common gender
det	-	neuter

BASIC CONCEPTS

Basic concepts. Part 1

1. Pronouns

I, me	jag	[ja:]
you	du	[dy]
he	han	[han]
she	hon	[hun]
it	det, den	[det], [den]
we	vi	[wi]
you (to a group)	ni	[ni]
they	de	[dɛ:]

2. Greetings. Salutations. Farewells

Hello! (fam.)	Hej!	[hɛj]
Hello! (form.)	Hej!	[hɛj]
Good morning!	God morgon!	[gud 'mɔrgɔn]
Good afternoon!	God dag!	[gud 'da:g]
Good evening!	God kväll!	[gud 'kvɛʎ]
to say hello	att hälsa	[at 'hɛʎsa]
Hi! (hello)	Hej!	[hɛj]
greeting (n)	(en) hälsning	['hɛʎsniŋ]
to greet (vt)	att välkomna	[at 'vɛʎkɔmna]
How are you?	Hur mår du?	[hyr mɔ:r dy]
What's new?	Vad är nytt?	[vad ɛ 'nyt]
Bye-Bye! Goodbye!	Hej då!	[hɛj 'dɔ:]
See you soon!	Vi ses snart!	[wi ses 'sna:rt]
Farewell!	Adjö! Farväl!	[ajo far'vɛ:ʎ]
to say goodbye	att ta farväl	[at ta far'vɛʎ]
Cheers!	Hej då!	[hɛj 'dɔ:]
Thank you! Cheers!	Tack!	[takk]
Thank you very much!	Tack så mycket!	[tak sɔ: 'mykke]
My pleasure!	Varsågod	['vaʃɔ:'gud]
Don't mention it!	Ingen orsak!	['iŋen 'ju:ʃʌk]
It was nothing	Inte alls!	['inte a:ls]
Excuse me! (fam.)	Ursäkta mig!	[ju:'ʃɛkta mɛj]
Excuse me! (form.)	Jag ber om ursäkt!	[øg bɛr ɔm ju:'ʃɛkt]
to excuse (forgive)	att ursäkta	[at ju:'ʃɛkta]

to apologize (vi)	att ursäkta sig	[at juːˈʃɛkta sɛj]
My apologies	Jag ber om ursäkt	[jag bɛr ɔm juːˈʃɛkt]
I'm sorry!	Förlåt!	[føːˈlɔːt]
to forgive (vt)	att förlåta	[at føːˈlɔːta]
please (adv)	snälla, var snäll och	[ˈsnɛla], [var snɛʎ ɔ]

Don't forget!	Glöm inte!	[ˈgløm ˈinte]
Certainly!	Javisst!	[jaˈwist]
Of course not!	Självklart inte!	[ˈʃɛʎvklart ˈinte]
Okay! (I agree)	OK!	[ɔˈkej]
That's enough!	Det räcker!	[dɛ ˈrɛkkɛ]

3. Cardinal numbers. Part 1

0 zero	noll	[nɔʎ]
1 one	ett	[ɛt]
2 two	två	[tvɔː]
3 three	tre	[tre]
4 four	fyra	[ˈfiˈra]

5 five	fem	[fem]
6 six	sex	[sɛks]
7 seven	sju	[ʃyː]
8 eight	åtta	[ˈɔːtˈta]
9 nine	nio	[ˈniˈju]

10 ten	tio	[ˈtijuː]
11 eleven	elva	[ˈɛʎva]
12 twelve	tolv	[tɔʎv]
13 thirteen	tretton	[ˈtrettɔn]
14 fourteen	fjorton	[ˈfjyrˈtɔn]

15 fifteen	femton	[ˈfemˈtɔn]
16 sixteen	sexton	[ˈsɛksˈtɔn]
17 seventeen	sjuton	[ʃyːtˈtɔn]
18 eighteen	arton	[ˈarˈtɔn]
19 nineteen	nitton	[ˈnitˈtɔn]

20 twenty	tjugo	[ˈɕyˈgu]
21 twenty-one	tjugoett	[ɕyguɔˈət]
22 twenty-two	tjugotvå	[ɕyguɔtˈvɔː]
23 twenty-three	tjugotre	[ɕyguɔtˈre]

30 thirty	trettio	[ˈtrettiju]
31 thirty-one	trettioett	[ˈtrettiɔət]
32 thirty-two	trettiotvå	[ˈtrettiɔtvɔː]
33 thirty-three	trettiotre	[ˈtrettiɔtre]

40 forty	fyrtio	[ˈføːtiju]
41 forty-one	fyrtioett	[føːtiɔˈət]
42 forty-two	fyrtiotvå	[føːtiɔtˈvɔː]
43 forty-three	fyrtiotre	[føːtiɔtˈre]
50 fifty	femtio	[ˈfɛmtiju]
51 fifty-one	femtioett	[ˈfɛmtiɔˈət]

| 52 fifty-two | femtiotvå | ['fɛmtiɔt'vɔ:] |
| 53 fifty-three | femtiotre | ['fɛmtiɔt're] |

60 sixty	sextio	['sɛkstiju]
61 sixty-one	sextioett	['sɛkstiɔ'ət]
62 sixty-two	sextiotvå	['sɛkstiɔt'vɔ:]
63 sixty-three	sextiotre	['sɛkstiɔt're]

70 seventy	sjuttio	['ʃuttiju]
71 seventy-one	sjuttioett	['ʃuttiɔ'ət]
72 seventy-two	sjuttiotvå	['ʃuttiɔt'vɔ:]
73 seventy-three	sjuttiotre	['ʃuttiɔt're]

80 eighty	åttio	['ɔ:ttiju]
81 eighty-one	åttioett	['ɔ:ttiɔ'ət]
82 eighty-two	åttiotvå	['ɔ:ttiɔt'vɔ:]
83 eighty-three	åttiotre	['ɔ:ttiɔt're]

90 ninety	nittio	['nittiju]
91 ninety-one	nittioett	['nittiɔ'ət]
92 ninety-two	nittiotvå	['nittiɔt'vɔ:]
93 ninety-three	nittiotre	['nittiɔt're]

4. Cardinal numbers. Part 2

100 one hundred	(ett) hundra	['hundra]
200 two hundred	tvåhundra	['tvɔ:hundra]
300 three hundred	trehundra	['trehundra]
400 four hundred	fyrahundra	['fire'hundra]
500 five hundred	femhundra	['fem'hundra]

600 six hundred	sexhundra	['sɛks'hundra]
700 seven hundred	sjuhundra	['ʃu'hundra]
800 eight hundred	åttahundra	['ɔ:tta'hundra]
900 nine hundred	niohundra	['niju'hundra]

1000 one thousand	(ett) tusen	['tysen]
2000 two thousand	tvåtusen	['tvɔ:tysen]
3000 three thousand	tretusen	['tretysen]
10000 ten thousand	tiotusen	['tiju'tysen]
one hundred thousand	hundratusen	['hundra'tysen]
million	(en) miljon	[mi'ʎjyn]
billion	(en) miljard	[mi'ʎja:d]

5. Numbers. Fractions

fraction	(ett) bråk	[brɔ:k]
one half	en halv	[ɛn haʎv]
one third	en tredjedel	[ɛn 'tredjedɛʎ]
one quarter	en fjärdedel	[ɛn 'fjæ:de'dɛʎ]
one eighth	en åttondedel	[ɛn 'ɔ:ttonde'dɛʎ]
one tenth	en tiondedel	[ɛn 'tijunde'dɛʎ]

15

| two thirds | två tredjedelar | ['tvɔ: 'tredjedɛlar] |
| three quarters | tre fjärdedelar | [tre 'fjæ:de'dɛlar] |

6. Numbers. Basic operations

subtraction	(en) subtraktion	[sybtrak'ʃun]
to subtract (vi, vt)	att subtrahera	[at sybtra'hɛra]
division	(en) division	[diwi'ʃun]
to divide (vt)	att dividera	[at diwi'dɛra]
addition	(en) addition	[addi'ʃun]
to add up (vt)	att addéra	[at ad'dɛra]
to add (vi)	att tillägga	[at 'ti'lɛgga]
multiplication	(en) multiplikation	[myʌtiplika'ʃun]
to multiply (vt)	att multiplicera	[at muʌtipli'sɛra]

7. Numbers. Miscellaneous

digit, figure	(en) siffra	['siff'ra]
number	(ett) tal	[taʌ]
numeral	(ett) räkneord	['rɛkne'u:d]
minus	(ett) minus	['minys]
plus	(ett) plus	[plys]
formula	(en) formel	['fɔrmɛʌ]

calculation	(en) beräkning	[be'rɛkniŋ]
to count (vt)	att räkna	[at 'rɛkna]
to count up	att beräkna	[at bɛ'rɛkna]
to compare (vt)	att jämföra	[at 'jemføra]

How much?	Hur mycket?	[hyr 'mykke]
How many?	Hur många?	[hyr 'mɔ:ŋa]
sum, total	(en) summa	['summa]
result	(ett) resultat	[resyʌ'tat]
remainder	(en) rest	[rest]

a few …	flera	['flɛra]
few (not many)	inte många	['inte 'mɔnga]
little (not much)	lite	['litɛ]
the rest	det övriga	[dɛt øvriga]
one and a half	en och en halv	[ɛn ɔk ɛn 'haʌv]
dozen	(ett) dussin	['dussin]
in half (adv)	i hälften	[i 'hɛʌftɛn]
equally (evenly)	lika	['lika]
half	(en) halva	['haʌ'va]
time (instance)	(en) gång	[gɔ:ŋ]

8. The most important verbs. Part 1

| to advise (vt) | att råda | [at 'rɔ:da] |
| to agree (say yes) | att samtycka | [at 'samtykka] |

to answer (vi, vt)	att svara	[at 'svara]
to apologize (vi)	att ursäkta sig	[at ju:'ʃɛkta sɛj]
to arrive (vi)	att komma	[at 'kɔmma]
to ask (~ oneself)	att fråga	[at 'frɔ:ga]
to ask (~ sb to do sth)	att fråga	[at 'frɔ:ga]

to be (vi)	att vara	[at 'vara]
to be afraid	att vara rädd	[at 'vara 'rɛd]
to be hungry	att vara hungrig	[at 'vara 'huŋrigⁱ]
to be interested in …	att intressera sig	[at intres'sɛra sɛj]
to be needed	att behövas	[at be'høvas]
to be surprised	att bli förvånad	[at bli 'fø:vɔ:nad]
to be thirsty	att vara törstig	[at 'vara 'tø:ʃtigⁱ]

to begin (vi)	att börja	[at 'børja]
to belong to …	att tillhöra	[at 'tiʎhøra]
to boast (vi)	att skryta	[at 'skryta]
to break (split into pieces)	att bryta	[at 'bryta]

to call (for help)	att ropa	[at 'rupa]
can (v aux)	att kunna	[at 'kuŋa]
to catch (vt)	att fånga	[at 'fɔ:ŋa]
to change (vt)	att ändra	[at 'ɛndra]
to choose (select)	att välja	[at 'vɛʎja]

to come down	att gå ned	[at gɔ: 'ned]
to come in (enter)	att komma in	[at 'kɔmma 'in]
to compare (vt)	att jämföra	[at 'jemføra]
to complain (vi, vt)	att klaga	[at 'klaga]

to confuse (mix up)	att förväxla	[at fø:'vɛksla]
to continue (vt)	att fortsätta	[at 'fɔ:tʃɛtta]
to control (vt)	att kontrollera	[at kɔntrɔl'lɛra]
to cook (dinner)	att laga	[at 'laga]
to cost (vt)	att kosta	[at 'kɔsta]

to count (add up)	att räkna	[at 'rɛkna]
to count on …	att räkna med …	[at 'rɛkna me]
to create (vt)	att skapa	[at 'skapa]
to cry (weep)	att gråta	[at 'grɔ:ta]

9. The most important verbs. Part 2

to deceive (vi, vt)	att lura	[at 'ly'ra]
to decorate (tree, street)	att pryda	[at 'pryda]
to defend (a country, etc.)	att försvara	[at fø:ʃ'vara]
to demand (request firmly)	att kräva	[at 'krɛva]

to dig (vt)	att gräva	[at 'grɛva]
to discuss (vt)	att diskutera	[at disku'tɛra]
to do (vt)	att göra	[at jora]
to doubt (have doubts)	att tvivla	[at 'twivla]
to drop (let fall)	att tappa	[at 'tapa]
to exist (vi)	att existera	[at ɛksis'tɛra]

to expect (foresee)	att förutse	[at 'førytsɛ]
to explain (vt)	att förklara	[at føːk'lara]

to fall (vi)	att falla	[at 'fala]
to fancy (vt)	att tycka om	[at 'tykka ɔm]
to find (vt)	att finna	[at 'fiŋa]
to finish (vt)	att sluta	[at 'slyta]
to fly (vi)	att flyga	[at 'flyga]

to follow ... (come after)	att följa efter ...	[at 'føʎja 'ɛftɛr]
to forget (vi, vt)	att glömma	[at 'glømma]
to forgive (vt)	att förlåta	[at føː'lɔːta]

to give (vt)	att ge	[at jeː]
to give a hint	att antyda	[at 'antyda]
to go (on foot)	att gå	[at gɔː]
to go for a swim	att bada	[at 'bada]
to go out (from ...)	att komma ut	[at 'komma jut]
to guess right	att gissa	[at 'jɪssa]

to have (vt)	att äga	[at 'ɛga]
to have breakfast	att äta frukost	[at 'ɛta 'frukɔst]
to have dinner	att äta kvällsmat	[at 'ɛta kvɛʎs'mat]
to have lunch	att äta lunch	[at 'ɛta lynʃ]

to hear (vt)	att höra	[at 'høra]
to help (vt)	att hjälpa	[at 'jəʎpa]
to hide (vt)	att gömma	[at 'jomma]
to hope (vi, vt)	att hoppas	[at 'hɔpas]
to hunt (vi, vt)	att jaga	[at 'jaga]
to hurry (vi)	att skynda sig	[at 'ʃynda sɛj]

10. The most important verbs. Part 3

to inform (vt)	att informera	[at infɔr'mɛra]
to insist (vi, vt)	att insistera	[at insis'tɛra]
to insult (vt)	att förolämpa	[at føru'lɛmpa]
to invite (vt)	att bjuda	[at 'bjyda]
to joke (vi)	att skämta	[at 'ʃɛmta]

to keep (vt)	att bevara	[at be'vara]
to keep silent	att tiga	[at 'tiga]
to kill (vt)	att döda	[at 'døda]
to know (sb)	att känna	[at 'çɘŋa]
to know (sth)	att veta	[at 'weta]

to laugh (vi)	att skratta	[at 'skratta]
to liberate (city, etc.)	att befria	[at bef'ria]
to look for ... (search)	att söka efter ...	[at 'søka 'ɛftɛr]
to love (sb)	att älska	[at 'ɛʎska]

to make a mistake	att göra fel	[at jora 'feʎ]
to manage, to run	att övervaka	[at 'ɛvɛrvaka]
to mean (signify)	att betyda	[at be'tyda]

to mention (talk about)	att nämna	[at 'nɛmna]
to miss (school, etc.)	att missa	[at 'missa]
to notice (see)	att märka	[at 'mɛrka]

to object (vi, vt)	att invända	[at 'in'vɛnda]
to observe (see)	att observera	[at 'ɔbsɛr'vɛra]
to open (vt)	att öppna	[at øpna]
to order (meal, etc.)	att beställa	[at bes'tɛla]
to order (mil.)	att ge order	[at je 'ɔːdɛr]
to own (possess)	att besitta, äga	[at be'sitta], ['ɛga]

to participate (vi)	att delta	[at 'dɛʎta]
to pay (vi, vt)	att betala	[at be'tala]
to permit (vt)	att tillåta	[at 'tiʎɔːta]
to plan (vt)	att planera	[at pla'nɛra]
to play (children)	att spela	[at 'spela]
to pray (vi, vt)	att be	[at bɛː]
to prefer (vt)	att föredra	[at 'førɛdra]

to promise (vt)	att lova	[at 'lɔva]
to pronounce (vt)	att uttala	[at 'jut'tala]
to propose (vt)	att föreslå	[at 'føreslɔː]
to punish (vt)	att straffa	[at 'straffa]
to read (vi, vt)	att läsa	[at 'lɛsa]
to recommend (vt)	att rekommendera	[at rekɔmmen'dɛra]

to refuse (vi, vt)	att vägra	[at 'vɛgra]
to regret (be sorry)	att beklaga	[at bek'laga]
to rent (sth from sb)	att hyra	[at 'hyra]
to repeat (say again)	att repetera	[at repe'tɛra]
to reserve, to book	att reservera	[at resɛr'vɛra]
to run (vi)	att springa	[at 'spriŋa]

11. The most important verbs. Part 4

to save (rescue)	att rädda	[at 'rɛdda]
to say (~ thank you)	att säga	[at 'sɛja]
to scold (vt)	att svära över	[at 'svɛra øvɛr]
to see (vt)	att se	[at seː]

to sell (vt)	att sälja	[at 'sɛʎja]
to send (vt)	att skicka	[at 'ʃikka]
to shoot (vi)	att skjuta	[at 'ʃyta]
to shout (vi)	att skrika	[at 'skrika]
to show (vt)	att visa	[at 'wisa]

to sign (document)	att underteckna	[at 'undɛː'tɛkna]
to sit down (vi)	att sätta sig	[at 'sɛtta sɛj]
to smile (vi)	att le, småle	[at leː], ['smɔːle]
to speak (vi, vt)	att tala	[at 'taˈla]

to steal (money, etc.)	att stjäla	[at 'ʃɛla]
to stop (cease)	att stanna	[at 'staŋa]
to stop (for pause, etc.)	att stanna	[at 'staŋa]

19

to study (vt)	att läsa, studera	[ɑt 'lɛsɑ], [stu'dɛrɑ]
to swim (vi)	att simma	[ɑt 'simmɑ]

to take (vt)	att ta	[ɑt tɑ]
to think (vi, vt)	att tänka	[ɑt 'tɛŋkɑ]
to threaten (vt)	att hota	[ɑt 'hutɑ]
to touch (by hands)	att röra	[ɑt 'rørɑ]
to translate (vt)	att översätta	[ɑt øvɛ:'ʃɛttɑ]
to trust (vt)	att lita på ...	[ɑt 'litɑ 'pɔ:]
to try (attempt)	att pröva	[ɑt prø'vɑ]
to turn (~ to the left)	att vrida	[ɑt 'vridɑ]

to underestimate (vt)	att underskatta	[ɑt 'undɛ:ʃkɑttɑ]
to understand (vt)	att förstå	[ɑt 'fø:ʃtɔ:]
to unite (vt)	att förena	[ɑt fø'renɑ]
to wait (vt)	att vänta	[ɑt 'vɛntɑ]
to want (wish, desire)	att vilja	[ɑt 'wiʎjɑ]
to warn (vt)	att varna	[ɑt 'vɑ:nɑ]
to work (vi)	att arbeta	[ɑt 'ɑrbetɑ]
to write (vt)	att skriva	[ɑt 'skrivɑ]
to write down	att anteckna	[ɑt 'ɑn'tɛknɑ]

12. Colours

colour	(en) färg	[fɛrj]
shade (tint)	(en) färgnyans	['fɛrjny'ɑns]
hue	(en) färgton	['fɛrj'tun]
rainbow	(en) regnbåge	[regn'bɔ:ge]

white (adj)	vit	[wit]
black (adj)	svart	[svɑ:t]
grey (adj)	grå	[grɔ:]

green (adj)	grön	['grøn]
yellow (adj)	gul	[gyʎ]
red (adj)	röd	['rød]

blue (adj)	blå	[blɔ:]
light blue (adj)	ljusblå	['jusb'lɔ:]
pink (adj)	rosa	['rɔ'sɑ]
orange (adj)	orange	[u'rɑ:nʃ]
violet (adj)	violett	[wiu'let]
brown (adj)	brun	[bryn]

golden (adj)	guld-	[gyʎd]
silvery (adj)	silver-	['siʎvɛr]

beige (adj)	beige	[bɛʃ]
cream (adj)	krämfärgad	['krɛmfɛrjɑd]
turquoise (adj)	turkos	[tur'kus]
cherry red (adj)	körsbärsröd	['çørʃbɛ:ʃ'rød]
lilac (adj)	lila	['lilɑ]
crimson (adj)	hallonröd	[hɑ'lunrød]
light (adj)	ljus	[jus]

| dark (adj) | mörk | ['mørk] |
| bright (adj) | ljus | [jus] |

coloured (pencils)	färg-	['fɛrj]
colour (e.g. ~ film)	färg-	['fɛrj]
black-and-white (adj)	svartvit	['svɑtwit]
plain (one colour)	enfärgad	['ɛnfɛrjɑd]
multicoloured (adj)	mångfärgad	['mɔ:ŋfɛrjɑd]

13. Questions

Who?	Vem?	[wem]
What?	Vad?	[vɑd]
Where? (at, in)	Var?	[vɑr]
Where (to)?	Vart?	[vɑrt]
Where ... from?	Varifrån?	['vɑrifrɔ:n]
When?	När?	[nɛr]
Why? (aim)	Varför?	['vɑ:før]
Why? (reason)	Varför?	['vɑ:før]

What for?	För vad?	['før vɑ:d]
How? (in what way)	Hur?	[hyr]
What? (which?)	Vilken?	['wiʎ'kɛn]
Which?	Vilken?	['wiʎ'kɛn]

To whom?	Till vem?	[tiʎ 'vɛm]
About whom?	Om vem?	[um 'vɛm]
About what?	Om vad?	[um vɑd]
With whom?	Med vem?	[me vɛm]

How many?	Hur många?	[hyr 'mɔ:ŋɑ]
How much?	Hur mycket?	[hyr 'mykke]
Whose?	Vems?	[vɛms]

14. Function words. Adverbs. Part 1

Where? (at, in)	Var?	[vɑr]
here (adv)	här	[hɛr]
there (adv)	där	[dɛr]

| somewhere (to be) | nånstans | ['nɔ:ns'tɑns] |
| nowhere (not anywhere) | ingenstans | ['iŋɛns'tɑns] |

| by (near, beside) | vid, intill, bredvid | [wid], [in'tiʎ], [brɛd'wid] |
| by the window | vid fönstret | [wid 'fønstrɛt] |

Where (to)?	Vart?	[vɑrt]
here (e.g. come ~!)	hit	[hit]
there (e.g. to go ~)	dit	[dit]
from here (adv)	härifrån	['hɛrif'rɔ:n]
from there (adv)	därifrån	['dɛrif'rɔ:n]
close (adv)	nära	['nɛrɑ]

far (adv)	långt	[lɔ:ŋt]
near (e.g. ~ Paris)	vid, nära	[wid], ['nɛra]
nearby (adv)	i närheten	[i 'nɛrheten]
not far (adv)	inte långt	['inte lɔ:ŋt]

left (adj)	vänster	['vɛnstɛr]
on the left	till vänster om	[tiʎ 'vɛnstɛr ɔm]
to the left	till vänster	[tiʎ 'vɛnstɛr]

right (adj)	höger	['høgɛr]
on the right	till höger om ...	[tiʎ 'høgɛr ɔm]
to the right	till höger	[tiʎ 'høgɛr]

in front (adv)	framtill	['framtiʎ]
front (as adj)	främre	['frɛmre]
ahead (in space)	framåt	['framɔ:t]

behind (adv)	baktill	['bak'tiʎ]
from behind	bakifrån	['bakif'rɔ:n]
back (towards the rear)	bakåt	['ba'kɔ:t]

| middle | (en) mitt | [mit] |
| in the middle | i mitten | [i 'mittɛn] |

at the side	från sidan	['frɔ:n 'sidan]
everywhere (adv)	överallt	[øvɛ'raʎt]
around (in all directions)	runt omkring	[runt ɔmk'riŋ]

from inside	inifrån	['inif'rɔ:n]
somewhere (to go)	någonstans	['nɔ:guns'tans]
straight (directly)	rakt fram	[rakt fram]
back (e.g. come ~)	tillbaka	[tiʎ'baka]

| from anywhere | från var som helst | [frɔ:n va sɔm 'hɛʎst] |
| from somewhere | från någonstans | [frɔ:n 'noguns'tans] |

firstly (adv)	för det första	['fø: de 'fø:ʃta]
secondly (adv)	för det andra	['fø de 'andra]
thirdly (adv)	för det tredje	['fø de 'tredje]

suddenly (adv)	plötsligt	[pløts'ligt]
at first (adv)	i början	[i bø'rjan]
for the first time	för första gången	['fø: 'fø:ʃta 'gɔ:ŋen]
long before ...	för länge sedan ...	['fø: 'lɛŋe 'sedan]
anew (over again)	på nytt	[pɔ: 'nyt]
for good (adv)	för gott	['før 'gɔt]

never (adv)	aldrig	['aʎd'rigⁱ]
again (adv)	igen	[i'jen]
now (adv)	nu	[ny]
often (adv)	ofta	['ɔf'ta]
then (adv)	då, den gången	[dɔ:], [dɛn 'gɔ:ŋen]
urgently (quickly)	brådskande	['brɔ:tskandɛ]
usually (adv)	vanligen	['vanligen]
by the way, ...	apropå	[apru'pɔ:]
possible (that is ~)	möjligen	['møjligen]

probably (adv)	antagligen	['an'tagligen]
maybe (adv)	kanske	['kanʃɛ]
besides ...	dessutom	[des'sytɔm]
that's why ...	därför	['dɛ:før]
in spite of ...	trots ...	[trɔts]
thanks to ...	tack vare	['takk 'varɛ]

what (pron.)	vad	[vad]
that	att	[at]
something	något	['nɔ:gɔt]
anything (something)	något	['nɔ:gɔt]
nothing	ingenting	['iŋɛntiŋ]

who (pron.)	vem	[vɛm]
someone	någon	['nɔ:gɔn]
somebody	någon	['nɔ:gɔn]

nobody	ingen	['iŋɛn]
nowhere (a voyage to ~)	ingenstans	['iŋɛns'tans]
nobody's	ingens	['iŋɛns]
somebody's	någons	['nɔ:gɔns]

so (I'm ~ glad)	så	[sɔ:]
also (as well)	också	['ɔksɔ:]
too (as well)	också	['ɔksɔ:]

15. Function words. Adverbs. Part 2

Why?	Varför?	['va:før]
for some reason	av någon orsak	[av 'nɔ:n 'u:ʃʌk]
because ...	därför att ...	['dɛ:før at]
for some purpose	för något syfte	['før 'nɔ:gɔt 'syf'tɛ]

and	och	[ɔk]
or	eller	['ɛllɛr]
but	men	[mɛn]
for (e.g. ~ me)	för	['før]

too (excessively)	alltför	['aʌtfør]
only (exclusively)	endast	['ɛndast]
exactly (adv)	precis, exakt	[prɛ'sis], [ɛk'sakt]
about (more or less)	cirka	['sirka]

approximately (adv)	ungefär	['uŋefɛr]
approximate (adj)	ungefärlig	['uŋe'fɛ:ligʲ]
almost (adv)	nästan	['nɛs'tan]
the rest	det övriga	[dɛt øvriga]

each (adj)	varje, var	['varje], [var]
any (no matter which)	varje, vilken som helst	['varje], ['wiʌken sɔm 'hɛʌst]
many, much (a lot of)	mycket	['mykke]
many people	många människor	['mɔ:ŋa 'mɛ:ŋihur]
all (everyone)	alla	['ala]
in exchange for ...	i utbyte för ...	[i 'jut'byte 'før]

23

in exchange (adv)	i utbyte	[i ˈjutˈbytɛ]
by hand (made)	för hand	[ˈfør ˈhand]
hardly (negative opinion)	knappast	[ˈknapast]

probably (adv)	antagligen	[ˈanˈtagligen]
on purpose (adv)	enkom	[ˈeŋkɔm]
by accident (adv)	av en händelse	[av ɛn ˈhɛndeʎsɛ]

very (adv)	mycket	[ˈmykke]
for example (adv)	till exempel	[tiʎ ɛkˈsɛmpeʎ]
between	mellan	[ˈmeˈlan]
among	bland	[bʎand]
so much (such a lot)	så mysket	[sɔ: ˈmykke]
especially (adv)	särskilt	[ˈsɛːˈʃiʎt]

Basic concepts. Part 2

16. Weekdays

Monday	(en) måndag	['mɔ:ndag]
Tuesday	(en) tisdag	['tisdag]
Wednesday	(en) onsdag	['unsdag]
Thursday	(en) torsdag	['tu:ʃdag]
Friday	(en) fredag	['fredag]
Saturday	(en) lördag	['lø:dag]
Sunday	(en) söndag	['søndag]

today (adv)	i dag	[i'dag]
tomorrow (adv)	i morgon	[i 'mɔr'gɔn]
the day after tomorrow	i övermorgon	[i øvɛr'mɔr'gɔn]
yesterday (adv)	i går	[i'gɔ:r]
the day before yesterday	i förrgår	[i'førrgɔ:r]

day	(en) dag	[dag]
working day	(en) arbetsdag	['arbetsdag]
public holiday	(en) helgdag	['heʎjdag]
day off	(en) ledig dag	['ledigʲ dag]
weekend	(en) helg	[heʎj]

all day long	hela dagen	['hela 'dagen]
next day (adv)	nästa dag	['nɛsta dag]
two days ago	för två dagar sedan	['før tvɔ: 'dagar 'sɛ'dan]
the day before	dagen innan	['dagen 'i'ŋan]
daily (adj)	daglig	['dagligʲ]
every day (adv)	dagligen	['dagligen]

week	(en) vecka	['vɛk'ka]
last week (adv)	förra veckan	['førra 'vɛk'kan]
next week (adv)	nästa vecka	['nɛsta 'vɛkka]
weekly (adj)	vecko-	['vɛkkɔ]
every week (adv)	varje vecka	['varje 'vɛkka]
twice a week	två gångar i veckan	[tvɔ: 'gɔ:ŋer i 'vɛkkan]
every Tuesday	varje tisdag	['varje 'tisdag]

17. Hours. Day and night

morning	(en) morgon	['mɔr'gɔn]
in the morning	på morgonen	[pɔ: 'mɔrgɔnɛn]
noon, midday	(en) middag	['middag]
in the afternoon	på eftermiddagen	[pɔ: 'ɛftɛrmid'dagen]

evening	(en) kväll	[kvɛʎ]
in the evening	på kvällen	[pɔ: 'kvɛllɛn]

night	(en) natt	[natt]
at night	på natten	[pɔː 'nattɛn]
midnight	(en) midnatt	['midnatt]

second	(en) sekund	[se'kynd]
minute	(en) minut	[mi'nyt]
hour	(en) timme	['timmɛ]
half an hour	(en) halvtimme	['haʎv'timmɛ]
quarter of an hour	(en) kvart	[kvart]
fifteen minutes	femton minuter	['femtɔn mi'nytɛr]
24 hours	(ett) dygn	['dyngn]

sunrise	(en) soluppgång	['suʎ'upgːɔŋ]
dawn	(en) gryning	['gryniŋ]
early morning	(en) tidig morgon	['tidi 'mɔrgɔn]
sunset	(en) solnedgång	['suʎnedgːɔŋ]

early in the morning	tidigt på morgonen	['tidit pɔː 'mɔrgɔnɛn]
this morning	i morse	[i 'mɔːʃɛ]
tomorrow morning	imorgon bitti	[i'mɔrgɔn 'bit'ti]
this afternoon	i eftermiddag	[i 'ɛftɛrmid'dag]
in the afternoon	på eftermiddagen	[pɔː 'ɛftɛrmid'dagen]
tomorrow afternoon	i morgon eftermiddag	[i 'mɔr'gɔn 'ɛftɛrmid'dag]
tonight (this evening)	i kväll	[ik'vɛʎ]
tomorrow night	i morgon kväll	[i'mɔrgɔn 'kvɛʎ]

at 3 o'clock sharp	precis klockan tre	[pre'sis 'klɔkkan tre]
about 4 o'clock	vid fyratiden	[wid 'fyratiden]
by 12 o'clock	vid klockan tolv	[wid 'klɔkkan tɔʎv]

in 20 minutes	om tjugo minuter	[ɔm 'ɕugu mi'nytɛr]
in an hour	om en timme	[ɔm en 'tim'mɛ]
on time (adv)	i tid	[i tid]

a quarter to …	kvart i	[kvart i]
within an hour	inom en timme	['inɔm en 'tim'mɛ]
every 15 minutes	varje kvart	['varje kvart]
round the clock	dygnet runt	['dygnet 'rynt]

18. Months. Seasons

January	januari	[janu'ari]
February	februari	[febry'ari]
March	mars	[maːʃ]
April	april	[ap'riʎ]
May	maj	[maːj]
June	juni	['juni]

July	juli	['juli]
August	augusti	[au'gusti]
September	september	[sɛp'tɛmbɛr]
October	oktober	[ɔk'tubɛr]
November	november	[nɔ'vɛmbɛr]
December	december	[dɛ'sɛmbɛr]

spring	(en) vår	[vɔ:r]
in spring	på våren	[pɔ: 'vɔ:rɛn]
spring (as adj)	vår-	[vɔ:r]

summer	(en) sommar	['sɔm'mar]
in summer	på sommaren	[pɔ: 'sɔmmaren]
summer (as adj)	sommar-	['sɔm'mar]

autumn	(en) höst	['høst]
in autumn	på hösten	[pɔ: 'høstɛn]
autumn (as adj)	höst-	['høst]

winter	(en) vinter	['wintɛr]
in winter	på vintern	[pɔ: 'wintɛrn]
winter (as adj)	vinter-	['wintɛr]

month	(en) månad	['mɔ:nad]
this month	den här månaden	[den hɛr 'mɔ:nadɛn]
next month	nästa månad	['nɛsta 'mɔ:nad]
last month	förra månaden	['førra 'mɔ:nadɛn]

a month ago	för en månad sedan	['før en 'mɔ:nad 'sedan]
in a month	om en månad	[ɔm en 'mɔ:nad]
in two months	om två månader	[ɔm tvɔ: 'mɔ:nadɛr]
a whole month	en hel månad	[ɛn heʎ 'mɔ:nad]
all month long	hela månaden	['hela 'mɔ:nadɛn]

monthly (~ magazine)	månatlig	[mɔ:'natligʲ]
monthly (adv)	varje månad	['varje 'mɔ:nad]
every month	varje månad	['varje 'mɔ:nad]
twice a month	två gånger i månaden	[tvɔ: 'gɔ:ŋɛr i 'mɔ:nadɛn]

year	(ett) år	[ɔ:r]
this year	i år	[i'ɔ:r]
next year	nästa år	['nɛsta ɔ:r]
last year	förra året	['førra 'ɔ:rɛt]

a year ago	för ett år sedan	['før et 'ɔ:r 'sedan]
in a year	om ett år	[ɔm et 'ɔ:r]
in two years	om två år	[ɔm tvɔ 'ɔ:r]
a whole year	ett helt år	[ɛt heʎt 'ɔ:r]
all year long	hela året	['hela 'ɔ:rɛt]

every year	varje år	['varje 'ɔ:r]
annual (adj)	årlig	['ɔ:rligʲ]
annually (adv)	varje år	['varje 'ɔ:r]
4 times a year	fyra gånger om året	['fira 'gɔ:ŋɛr ɔm 'ɔ:rɛt]

date (e.g. today's ~)	(ett) datum	['datym]
date (e.g. ~ of birth)	(ett) datum	['datym]
calendar	(en) almanacka	['aʎmanakka]

half a year	(ett) halvår	['haʎvɔ:r]
six months	(ett) halvår	['haʎvɔ:r]
season (summer, etc.)	(en) årstid	['ɔ:ʃtid]
century	(ett) sekel	['sekeʎ]

27

19. Time. Miscellaneous

time	(en) tid	[tid]
instant (n)	(ett) ögonblick	[øgɔnb'likk]
moment	(ett) moment	[mu'ment]
instant (adj)	ögonblicklig	[øgɔnb'liklig']
period (length of time)	(ett) tidsavsnitt	['tidsɑvsnit]
life	(ett) liv	[liv]
eternity	(en) evighet	['ewighet]
epoch	(en) epok	[e'pɔːk]
era	(en) era	['ɛrɑ]
cycle	(en) cykel	['sykeʎ]
period	(en) period	[pɛri'ud]
term (short-~)	(en) tidsperiod	['tidspɛri'ud]
the future	(en) framtid	['frɑmtid]
future (as adj)	framtid	['frɑmtid]
next time	nästa gång	['nɛstɑ gɔːŋ]
the past	(det) förflutna	['føːflytnɑ]
past (recent)	förra	['førrɑ]
last time	förra gången	['førrɑ 'gɔːŋɛn]
later (adv)	senare	['senɑrɛ]
after	efter	['eftɛr]
nowadays (adv)	nu för tiden	[ny 'før 'tidɛn]
now (adv)	nu	[ny]
immediately (adv)	genast	['jenɑst]
soon (adv)	snart	[snɑːt]
in advance (beforehand)	i förväg	[i føːˈvɛg]
a long time ago	längesedan	[leŋeˈsedɑn]
recently (adv)	nyligen	['niligɛn]
destiny	(ett) öde	[øːdɛ]
memories (childhood ~)	(ett) minne	['miŋɛ]
archives	(ett) arkiv	[ɑrˈkiv]
during ...	under	['undɛr]
long, a long time (adv)	länge	['lɛŋˈe]
not long (adv)	inte länge	['inte 'lɛŋˈe]
early (in the morning)	tidigt	['tiˈdit]
late (not early)	sent	[sent]
forever (for good)	för alltid	['før 'ɑʎˈtid]
to start (begin)	att börja	[ɑt 'børjɑ]
to postpone (vt)	att skjuta upp	[ɑt 'ʃytɑ up]
at the same time	samtidigt	['sɑmtidigt]
permanently (adv)	ständigt	['stɛndit]
constant (noise, pain)	konstant	[kɔnsˈtɑnt]
temporary (adj)	provisorisk	[pruwiˈsurisk]
sometimes (adv)	ibland	[ibˈlɑnd]
rarely (adv)	sällan	['sɛˈlɑn]
often (adv)	ofta	['ɔfˈtɑ]

20. Opposites

rich (adj)	rik	[rik]
poor (adj)	fattig	['fattig']
ill, sick (adj)	sjuk	[ʃyk]
healthy (adj)	frisk	[frisk]
big (adj)	stor	[stur]
small (adj)	liten	['litɛn]
quickly (adv)	fort	[furt]
slowly (adv)	långsamt	['lɔːŋsamt]
fast (adj)	snabb	[snabb]
slow (adj)	långsam	['lɔːŋsam]
cheerful (adj)	glad	[glad]
sad (adj)	ledsen	['lessɛn]
together (adv)	tillsammans	[tiʎ'sammans]
separately (adv)	separat	[sepa'rat]
aloud (to read)	högt	['høgt]
silently (to oneself)	för sig själv	['fø sɛj 'ʃɛʎv]
tall (adj)	hög	['høg]
low (adj)	låg	[lɔːg]
deep (adj)	djup	[juːp]
shallow (adj)	grund	[grynd]
yes	ja	[ja]
no	nej	[nɛj]
distant (in space)	avlägsen	[av'lɛgsɛn]
nearby (adj)	nära	['nɛra]
far (adv)	långt	[lɔːŋt]
nearby (adv)	i närheten	[i 'nɛrheten]
long (adj)	lång	[lɔːŋ]
short (adj)	kort	[kɔːt]
good (kindhearted)	snäll	[snɛʎ]
evil (adj)	elak	['ɛ'lak]
married (adj)	gift	[jıft]
single (adj)	ogift	['ujıft]
to forbid (vt)	att förbjuda	[at føː'bjyda]
to permit (vt)	att tillåta	[at 'tiʎɔːta]
end	(ett) slut	[slyt]
beginning	(en) början	['børjan]

| left (adj) | vänster | ['vɛnstɛr] |
| right (adj) | höger | ['høgɛr] |

| first (adj) | först | ['føːʃt] |
| last (adj) | sista | ['sista] |

| crime | (ett) brott | [brɔt] |
| punishment | (ett) straff | [straf] |

| to order (vt) | att befalla | [at be'fala] |
| to obey (vi, vt) | att underordna sig | [at 'undɛ'rɔːdna sɛj] |

| straight (adj) | rak, rakt | [rak], [rakt] |
| curved (adj) | krokig | ['krukigⁱ] |

| heaven | (ett) paradis | ['paradis] |
| hell | (ett) helvete | ['hɛʎwetɛ] |

| to be born | att födas | [at 'fødas] |
| to die (vi) | att dö | [at 'dø] |

| strong (adj) | stark | [stark] |
| weak (adj) | svag | [svag] |

| old (adj) | gammal | ['gammaʎ] |
| young (adj) | ung | [uŋ] |

| old (adj) | gammal | ['gammaʎ] |
| new (adj) | ny | [nyː] |

| hard (adj) | hård | [hɔːd] |
| soft (adj) | mjuk | [mjyk] |

| warm (adj) | varm | [vɑːm] |
| cold (adj) | kall | [kaʎ] |

| fat (adj) | tjock | ['ɕøkk] |
| slim (adj) | mager | ['magɛr] |

| narrow (adj) | smal | [smaʎ] |
| wide (adj) | bred | [bred] |

| good (adj) | bra | [brɔ] |
| bad (adj) | dålig | ['dɔːligⁱ] |

| brave (adj) | tapper | ['tapɛr] |
| cowardly (adj) | feg | [feg] |

21. Lines and shapes

square	(en) kvadrat	[kvad'rat]
square (as adj)	kvadratisk	[kvad'ratisk]
circle	(en) cirkel	['sirkeʎ]
round (adj)	rund	[rund]

triangle	(en) triangel	[tri'angɛʎ]
triangular (adj)	triangulär	[triangu'lɛr]
oval	(en) oval	[u'val]
oval (as adj)	(en) oval	[u'val]
rectangle	(en) rektangel	[rek'tangɛʎ]
rectangular (adj)	rektangulär	[rek'tangulɛr]
pyramid	(en) pyramid	[pira'mid]
rhombus	(en) romb	[rɔmb]
trapezium	(en) trapets	[tra'pets]
cube	(en) kub	[kyb]
prism	(en) prisma	['prisma]
circumference	(en) cirkel	['sirkeʎ]
sphere	(en) sfär	[sfɛr]
globe (sphere)	(ett) klot	[klɔt]
diameter	(en) diameter	[dia'metɛr]
radius	(en) radie	['radie]
perimeter	(en) perimeter	[pɛri'metɛr]
centre	(en) medelpunkt	['medeʎ'puŋkt]
horizontal (adj)	horisontal	[hurisɔn'taʎ]
vertical (adj)	vertikal	[vɛrti'kaʎ]
parallel (n)	(en) parallell	[paral'leʎ]
parallel (as adj)	parallell	[paral'leʎ]
line	(en) linje	['liɲje]
stroke	(en) linje	['liɲje]
straight line	(en) rät linje	[rɛt 'liɲje]
curve (curved line)	(en) kurva	['kurva]
thin (line, etc.)	tunn	[tuŋ]
contour (outline)	(en) kontur	[kɔn'tyr]
intersection	(en) korsning	['kɔːʃniŋ]
right angle	(en) rät vinkel	[rɛt 'wiŋkeʎ]
segment	(ett) segment	['segmɛnt]
sector	(en) sektor	['sek'tur]
side (of triangle)	(en) sida	['sida]
angle	(en) vinkel	['wiŋkeʎ]

22. Units of measurement

weight	(en) vikt	[wikt]
length	(en) längd	[lɛngd]
width	(en) bredd	[brɛdd]
height	(en) höjd	['højd]
depth	(ett) djup	['juːp]
volume	(en) volym	[vɔ'lym]
area	(en) yta	['y'ta]
gram	(ett) gram	[gram]
milligram	(ett) milligram	[milig'ram]
kilogram	(ett) kilogram	[ɕilɔg'ram]

ton	(en) ton	[tɔn]
pound	(ett) skålpund	['skɔːʎpund]
ounce	(ett) uns	[uns]

metre	(en) meter	['metɛr]
millimetre	(en) millimeter	[mili'metɛr]
centimetre	(en) centimeter	[senti'metɛr]
kilometre	(en) kilometer	[çilɔ'metɛr]
mile	(en) mil	[miʎ]

inch	(en) tum	[tum]
foot	(en) fot	[fut]
yard	(en) yard	[jaːd]

square metre	(en) kvadratmeter	[kvad'rat'metɛr]
hectare	(ett) hektar	[hek'tar]

litre	(en) liter	['litɛr]
degree	(en) grad	[grad]
volt	(en) volt	[vɔʎt]
ampere	(en) ampere	[am'pɛr]
horsepower	(en) hästkraft	['hɛstk'raft]

quantity	(ett) antal	['an'taʎ]
a little bit of ...	få ..., inte många ...	[fɔː], ['inte 'mɔːŋa]
half	(en) hälft	[hɛʎft]
dozen	(ett) dussin	['dussin]
piece (item)	(ett) stycke	['stykke]

size	(en) storlek	['sturlek]
scale (map ~)	(en) skala	['skala]

minimum (adj)	minimum	['minimum]
the smallest (adj)	minst	[minst]
medium (adj)	medel	['medɛʎ]
maximum (adj)	maximal	['maksi'maʎ]
the largest (adj)	störst	['støʃt]

23. Containers

jar (glass)	(en) glasburk	['glasburk]
tin, can	(en) konservburk	[kɔn'sɛrv'burk]
bucket	(en) hink	[hiŋk]
barrel	(en) tunna	['tuŋa]

basin (for washing)	(ett) fat	[fat]
tank (for liquid, gas)	(en) tank	[taŋk]
hip flask	(en) fickflaska	['fikf'ʎaska]
jerrycan	(en) dunk	[duŋk]
cistern (tank)	(en) cistern	[sis'tɛrn]

mug	(en) mugg	[mygg]
cup (of coffee, etc.)	(en) kopp	[kɔp]
saucer	(ett) tefat	['tɛfat]

glass (tumbler)	(ett) glas	[glɑs]
glass (~ of vine)	(en) bägare	['bɛgɑrɛ]
stew pot	(en) kastrull	[kɑst'ryʎ]

| bottle (~ of wine) | (en) flaska | ['fʎaskɑ] |
| neck (of the bottle) | (en) flaskhals | ['flaskhɑʎs] |

carafe	(en) karaff	[kɑ'rɑf]
jug (earthenware)	(en) kanna	['kɑ'ŋɑ]
vessel (container)	(ett) kärl	[ɕə:l]
pot (crock)	(en) kruka	['krykɑ]
vase	(en) vas	[vɑs]

bottle (~ of perfume)	(en) flakong	[fʎa'kɔŋ]
vial, small bottle	(en) liten blåsa	['liten 'blɔ:sɑ]
tube (of toothpaste)	(en) tub	[tyb]

sack (bag)	(en) säck	[sɛk]
bag (paper ~, plastic ~)	(en) påse	['pɔ:sɛ]
packet (of cigarettes, etc.)	(ett) paket	[pɑ'ket]

box (e.g. shoebox)	(en) ask	[ɑsk]
crate	(en) låda	['lɔ:dɑ]
basket	(en) korg	[kɔrʲj]

24. Materials

material	(ett) material	[mɑtɛ'rʲɑʎ]
wood	(ett) trä	[trɛ:]
wooden (adj)	trä-	[trɛ:]

| glass (n) | (ett) glas | [glɑs] |
| glass (as adj) | av glas, glas- | [av glɑs], [glɑs] |

| stone (n) | (en) sten | [sten] |
| stone (as adj) | sten- | [sten] |

| plastic (n) | (en) plast | [pʎast] |
| plastic (as adj) | plast- | [pʎast] |

| rubber (n) | (ett) gummi | ['gummi] |
| rubber (as adj) | gummi- | ['gummi] |

| material, fabric (n) | (ett) tyg | [tyg] |
| fabric (as adj) | tyg | [tyg] |

| paper (n) | (ett) papper | ['pɑpɛr] |
| paper (as adj) | papper- | ['pɑpɛr] |

cardboard (n)	(en) kartong	[kɑr'tɔŋ]
cardboard (as adj)	kartong-	[kɑr'tɔŋ]
polythene	(en) polyetylen	[pɔliɛti'len]
cellophane	(en) cellofan	[selu'fɑn]
plywood	(ett) fanér	[fɑ'nɛr]

porcelain (n)	(ett) porslin	[puːʃˈlin]
porcelain (as adj)	porslin	[puːʃˈlin]
clay (n)	(en) lera	[ˈlɛra]
clay (as adj)	ler-	[lɛr]
ceramics (n)	(en) keramik	[ɕəraˈmikk]
ceramic (as adj)	keramisk	[ɕəˈramisk]

25. Metals

metal (n)	(en) metall	[meˈtaʎ]
metal (as adj)	metall	[meˈtaʎ]
alloy (n)	(en) legering	[leˈgɛriŋ]

gold (n)	(ett) guld	[gyʎd]
gold, golden (adj)	guld-	[gyʎd]
silver (n)	(ett) silver	[ˈsiʎvɛr]
silver (as adj)	silver-	[ˈsiʎvɛr]

iron (n)	(ett) järn	[jəːrn]
iron (adj), made of iron	järn-	[jəːrn]
steel (n)	(ett) stål	[stɔːʎ]
steel (as adj)	stål-, av stål	[stɔːʎ], [av stɔːʎ]
copper (n)	(en) koppar	[ˈkɔpar]
copper (as adj)	koppar-	[ˈkɔpar]

aluminium (n)	(ett) aluminium	[alyˈminium]
aluminium (as adj)	aluminium-	[alyˈminium]
bronze (n)	(en) brons	[brɔns]
bronze (as adj)	brons-	[brɔns]

brass	(en) mässing	[ˈmɛssiŋ]
nickel	nickel	[ˈnikkeʎ]
platinum	(en) platina	[ˈplatina]
mercury	(ett) kvicksilver	[ˈkwiksiʎvɛr]
tin	(ett) tenn	[tɛn]
lead	(ett) bly	[ˈbly]
zinc	(en) zink	[siŋk]

HUMAN BEING

Human being. The body

26. Humans. Basic concepts

human being	(en) man	[man]
man (adult male)	(en) man	[man]
woman	(en) kvinna	['kwiŋa]
child	(ett) barn	[barn]
girl	(en) flicka	['flikka]
boy	(en) pojke	['pɔjˈke]
teenager	(en) tonåring	['tɔnɔːriŋ]
old man	(en) gammal man	['gammaʎ man]
old woman	(en) gumma	['gymma]

27. Human anatomy

organism	(en) organism	[ɔrgaˈnism]
heart	(ett) hjärta	['jərta]
blood	(ett) blod	[blud]
artery	(en) artär	[arˈtɛr]
vein	(en) ven	[wen]
brain	(en) hjärna	['jərna]
nerve	(en) nerv	[nɛrv]
nerves	nerver	['nɛrvɛr]
vertebra	(en) ryggkota	['ryggˈkota]
spine	(en) ryggrad	['ryggˈrad]
stomach (organ)	(en) mage	['maˈge]
intestines, bowel	inälvor	['inɛʎvur]
intestine (e.g. large ~)	(en) tarm	[tarm]
liver	(en) lever	['levɛr]
kidney	(en) njure	['ɲjyrɛ]
bone	(ett) ben	[bɛn]
skeleton	(ett) skelett	[skeˈlet]
rib	(ett) revben	['revben]
skull	(en) skalle	['skalle]
muscle	(en) muskel	['myskeʎ]
biceps	(en) biceps	['biseps]
triceps	(en) triceps	['triseps]
tendon	(en) sena	['sena]
joint	(en) led	[led]

lungs	lungor	['lyŋur]
genitals	könsorganen	[ɕønsɔr'ganɛn]
skin	(en) hud	[hyd]

28. Head

head	(ett) huvud	['hywyd]
face	(ett) ansikte	['ansiktɛ]
nose	(en) näsa	['nɛsa]
mouth	(en) mun	[myn]

eye	(ett) öga	[ø'ga]
eyes	ögon	[øgɔn]
pupil	(en) pupill	[py'piʎ]
eyebrow	(ett) ögonbryn	[øgɔnb'ryn]
eyelash	ögonfransar	[øgɔnf'ransar]
eyelid	(ett) ögonlock	[øgɔn'lɔkk]

tongue	(en) tunga	['tuŋa]
tooth	(en) tand	[tand]
lips	läppar	['lɛpar]
cheekbones	(ett) kindben	['ɕindben]
gum	(ett) tandkött	['tandɕøt]
palate	(en) gom	[gum]

nostrils	näsborrar	['nɛsbɔrrar]
chin	(en) haka	['haka]
jaw	(en) käke	['ɕøkɛ]
cheek	(en) kind	[ɕind]

forehead	(en) panna	['paŋa]
temple	(en) tinning	['tiŋiŋ]
ear	(ett) öra	[øra]
back of the head	(en) nacke	['nakkɛ]
neck	(en) hals	[haʎs]
throat	(en) hals	[haʎs]

hair	(ett) hår	[hɔːr]
hairstyle	(en) frisyr	[fri'syr]
haircut	(en) klippning	['klipniŋ]
wig	(en) peruk	[pɛ'ryk]

moustache	(en) mustasch	[mys'taʃ]
beard	(ett) skägg	[ʃɛgg]
to have (a beard, etc.)	att ha	[at ha]
plait	(en) fläta	['flɛta]
sideboards	polisonger	[pɔli'sɔŋɛr]

red-haired (adj)	rödhårig	[rød'hɔːrigʲ]
grey (hair)	grå, gråhårig	[grɔ], ['grɔːhɔːrigʲ]
bald (adj)	skallig	['skaligʲ]
bald patch	(en) flint	[flint]
ponytail	(en) svans	[svans]
fringe	(en) lugg	[lygg]

29. Human body

hand	(en) hand	[hand]
arm	(en) arm	[arm]
finger	(ett) finger	['fiŋɛr]
thumb	(en) tumme	['tymmɛ]
little finger	(ett) lillfinger	['liʎfiŋɛr]
nail	(en) nagel	['nageʎ]
fist	(en) knytnäve	['knytnɛvɛ]
palm	(en) handflata	['handf'lata]
wrist	(en) handled	['handled]
forearm	(en) underarm	['undɛ'rarm]
elbow	(en) armbåge	['arm'bɔːge]
shoulder	(en) skuldra	['skyʎdra]
leg	(ett) ben	[bɛn]
foot	(en) fot	[fut]
knee	(ett) knä	[knɛ]
calf (part of leg)	(ett) vad	[vad]
hip	(en) höft	['høft]
heel	(en) häl	[hɛʎ]
body	(en) kropp	[krɔp]
stomach	(en) mage	['ma'ge]
chest	(ett) bröst	['brøst]
breast	(ett) bröst	['brøst]
flank	(en) sida	['sida]
back	(en) rygg	['rygg]
lower back	(en) korsrygg	['kɔːʃrygg]
waist	(en) midja	['midja]
navel	(en) navel	['navɛʎ]
buttocks	skinkor	['ʃiŋkur]
bottom	(en) bak	[bak]
beauty mark	(ett) födelsemärke	['fødeʎse 'mɛrke]
tattoo	(en) tatuering	[taty'ɛriŋ]
scar	(ett) ärr	[ɛrr]

Clothing & Accessories

30. Outerwear. Coats

clothes	kläder	['klɛdɛr]
outer clothing	ytterkläder	['yttɛr 'klɛdɛr]
winter clothing	vinterkläder	['wintɛ: 'klɛdɛr]

overcoat	(en) rock, kappa	[rɔk], ['kapa]
fur coat	(en) päls	[pɛʌs]
fur jacket	(en) pälsjacka	['pɛʌsʰ'jakka]
down coat	(en) dunjacka	['dynʰ'jakka]

jacket (e.g. leather ~)	(en) jacka	['jakka]
raincoat	(en) regnrock	['rengn'rɔkk]
waterproof (adj)	vattentät	['vattɛntɛt]

31. Men's & women's clothing

shirt	(en) skjorta	['ʃurta]
trousers	(en) byxa	['byksa]
jeans	(en) jeans	[jɪns]
jacket (of man's suit)	(en) kavaj	[ka'vaj]
suit	(en) kostym	[kɔs'tym]

dress (frock)	(en) klänning	['klɛŋiŋ]
skirt	(en) kjol	[ɕyʌ]
blouse	(en) blus	[blys]
knitted jacket	(en) yllekofta	['yllekɔfta]
jacket (of woman's suit)	(en) dräktjacka	['drɛktʰjakka]

T-shirt	(en) T-shirt	['ti 'ʃɔrt]
shorts (short trousers)	(en) shorts	[ʃɔrts]
tracksuit	(en) träningsoverall	['trɛniŋs ɔvɛ'rɔːʌ]
bathrobe	(en) morgonrock	['mɔrgɔn'rɔkk]
pyjamas	(en) pyjamas	[pi'jamas]

sweater	(en) tröja	['trøja]
pullover	(en) pullover	[py'lɔvɛr]

waistcoat	(en) väst	[vɛst]
tailcoat	(en) frack	[frakk]
dinner suit	(en) smoking	['smɔkiŋ]

uniform	(en) uniform	['unifɔrm]
workwear	(en) arbetskläder	['arbetsk'lɛdɛr]
boiler suit	(en) overall	[ɔvɛ'rɔːʌ]
coat (e.g. doctor's ~)	(en) läkarrock	['lɛkarrɔkk]

32. Clothing. Underwear

underwear	underkläder	['undɛ:k'lɛdɛr]
vest (singlet)	(en) undertröja	['undɛrtrøja]
socks	sockor	['sɔkkur]

nightgown	(ett) nattlinne	['nattliŋɛ]
bra	(en) behå	[be'hɔ:]
knee highs	knästrumpor	['knɛstrumpɔr]
tights	strumpbyxor	['strumpbyksɔr]
stockings	strumpor	['strumpɔr]
swimsuit, bikini	(en) baddräkt	['baddrɛkt]

33. Headwear

hat	(en) mössa	['møssa]
trilby hat	(en) hatt	[hat]
baseball cap	(en) baseballkeps	['bejsbɔʎ keps]
flatcap	(en) keps	[keps]

beret	(en) basker	['baskɛr]
hood	(en) kapuschong	[kapy'ʃɔŋ]
panama	(en) panamahatt	[at 'panama'hat]
knitted hat	(en) luva	['lyva]

headscarf	(en) sjalett	[ʃʌ'let]
women's hat	(en) hatt	[hat]

hard hat	(en) hjälm	[jəʎm]
forage cap	(en) båtmössa	['bɔ:tmøssa]
helmet	(en) hjälm	[jəʎm]

bowler	(ett) plommonstop	['plummɔnstup]
top hat	(en) cylinder	[sy'lindɛr]

34. Footwear

footwear	skor	[skur]
ankle boots	kängor	['ɕɛŋur]
shoes (low-heeled ~)	(ett) skor	[skur]
boots (cowboy ~)	stövlar	[støv'lar]
slippers	tofflor	['tɔfflyr]

trainers	(ett) tennisskor	['teŋiss'kur]
plimsolls, pumps	joggingskor	['joggiŋ skur]
sandals	sandaler	[san'dalɛr]

cobbler	(en) skomakare	['sku 'makarɛ]
heel	(en) klack	[kʎakk]
pair (of shoes)	(ett) par	[par]
shoelace	(ett) snöre	['snørɛ]

to lace up (vt)	att snöra	[at 'snøra]
shoehorn	(ett) skohorn	['skuhu:n]
shoe polish	(en) skokräm	['skukrɛm]

35. Textile. Fabrics

cotton (n)	(en) bomull	['bumyʎ]
cotton (as adj)	bomull-	['bumyʎ]
flax (n)	(ett) lin	[lin]
flax (as adj)	lin	[lin]

silk (n)	(ett) siden	['si'dɛn]
silk (as adj)	siden-	['si'dɛn]
wool (n)	(en) ull	[uʎ]
woollen (adj)	ull-	[uʎ]

velvet	(en) sammet	['sammet]
suede	(en) mocka	['mɔkka]
corduroy	(en) manchester	[man'tʃestɛr]

nylon (n)	(ett) nylon	[ny'lɔn]
nylon (as adj)	nylon-	[ny'lɔn]
polyester (n)	(en) polyester	[pɔli'ɛstɛr]
polyester (as adj)	polyester-	[pɔli'ɛstɛr]

leather (n)	(ett) läder	['ledɛr]
leather (as adj)	läder, gjord av läder	['ledɛr], [ju:d av 'ledɛr]
fur (n)	(en) päls	[pɛʎs]
fur (e.g. ~ coat)	päls-	[pɛʎs]

36. Personal accessories

gloves	handskar	['hanskar]
mittens	tumvantar	['tum'vantar]
scarf (long)	(en) halsduk	['haʎs'dyk]

glasses	glasögon	['glasøgɔn]
frame (eyeglass ~)	(en) båge	['bɔ:gɛ]
umbrella	(ett) paraply	[parap'ly]
walking stick	(en) käpp	[ʃɛp]
hairbrush	(en) hårborste	['hɔ:rbɔrʃtɛ]
fan	(en) solfjäder	['suʎfjedɛr]

tie (necktie)	(en) slips	[slips]
bow tie	(en) fluga	['flyga]
braces	(ett) hängsle	['hɛŋslɛ]
handkerchief	(en) näsduk	['nɛs'dyk]

comb	(en) kam	[kam]
hair slide	(ett) hårklämma	['hɔ:k'lɛmma]
hairpin	(en) hårnål	['hɔ:nɔ:ʎ]
buckle	(ett) spänne	['spɛŋɛ]

| belt | (ett) bälte | ['bɛʎtɛ] |
| shoulder strap | (en) rem | [rem] |

bag (handbag)	(en) väska	['vɛska]
handbag	(en) väska	['vɛska]
rucksack	(en) ryggsäck	['ryggsɛkk]

37. Clothing. Miscellaneous

fashion	(ett) mode	['mudɛ]
in vogue (adj)	modern	[mu'dɛrn]
fashion designer	(en) modeskapare	['mudɛs'kaparɛ]

collar	(en) krage	['kragɛ]
pocket	(en) ficka	['fikka]
pocket (as adj)	fick-	[fikk]
sleeve	(en) ärm	[ɛrm]
hanging loop	(en) hängare	['hɛngarɛ]
flies (on trousers)	(en) gylf	['gyʎf]

zip (fastener)	(ett) blixtlås	['blikstlɔ:s]
fastener	(en) knäppning	['knɛpniŋ]
button	(en) knapp	[knap]
buttonhole	(ett) knapphål	['knaphɔ:ʎ]
to come off (ab. button)	att lossna	[at 'lɔssna]

to sew (vi, vt)	att sy	[at sy]
to embroider (vi, vt)	att brodera	[at bru'dɛra]
embroidery	(ett) broderi	[brudɛ'ri]
sewing needle	(en) synål	['synɔ:ʎ]
thread	(en) tråd	[trɔ:d]
seam	(en) söm	['søm]

to get dirty (vi)	att smutsa ned sig	[at 'smutsa ned sɛj]
stain (mark, spot)	(en) fläck	[flɛkk]
to crease, crumple (vi)	att bli skrynklig	[at bli 'skryŋkligi]
to tear (vt)	att riva	[at 'riva]
clothes moth	(en) mal	[maʎ]

38. Personal care. Cosmetics

toothpaste	(en) tandkräm	['tandk'rɛm]
toothbrush	(en) tandborste	['tand'bɔ:ʃtɛ]
to clean one's teeth	att borsta tänderna	[at 'bɔ:ʃta 'tɛndɛrna]

razor	(en) rakhyvel	['rakhyweʎ]
shaving cream	(en) rakkräm	['rakkrɛm]
to shave (vi)	att raka sig	[at 'raka sɛj]

soap	(en) tvål	[tvɔ:ʎ]
shampoo	(ett) schampo	['ʃʌmpu]
scissors	(en) sax	[saks]

nail file	(en) nagelfil	['nageʎ'fiʎ]
nail clippers	(en) nageltång	['nageʎ'tɔːŋ]
tweezers	(en) pincett	[pin'sɛt]
cosmetics	(ett) skönhetsmedel	['ʃɔnhets 'medɛʎ]
face pack	(en) ansiktsmask	[an'siktsmask]
manicure	(en) manikyr	[mani'kyr]
to have a manicure	att göra manikyr	[at jora mani'kyr]
pedicure	(en) pedikyr	[pedi'kyr]
make-up bag	(en) kosmetikväska	[kɔsme'tik'vɛska]
face powder	(ett) puder	['pydɛr]
powder compact	(en) puderdosa	['pydɛrrusa]
blusher	(ett) rouge	[ruʃ]
perfume (bottled)	(en) parfym	[par'fym]
toilet water	(ett) toalettvatten	[tualet'vattɛn]
lotion	(ett) rakvatten	['rakvatten]
cologne	eau de cologne	[ɔ de kɔ'lɔŋʲ]
eyeshadow	(en) ögonskugga	[øgɔns'kugga]
eyeliner	(en) ögonpenna	[øgɔn'peŋa]
mascara	(en) mascara	[mas'kara]
lipstick	(ett) läppstift	['lɛpstift]
nail polish	(ett) nagellack	['nage'ʎak]
hair spray	(en) hårspray	['hɔːʃp'rɛj]
deodorant	(en) deodorant	[deudu'rant]
cream	(en) kräm	[krɛm]
face cream	(en) hudkräm	['hydkrɛm]
hand cream	(en) handkräm	['handkrɛm]
anti-wrinkle cream	(en) anti-rynkor kräm	['anti'ryŋkur 'krɛm]
day (as adj)	dag-	[dag]
night (as adj)	natt-	[nat]
tampon	(en) tampong	[tam'pɔŋ]
toilet paper	(ett) toalettpapper	[tua'lett'papɛr]
hair dryer	(en) hårtork	['hɔːtɔrk]

39. Jewellery

jewellery	smycken	['smykkɛn]
precious (e.g. ~ stone)	dyrbar	['dybar]
hallmark	(en) stämpel	['stɛmpeʎ]
ring	(en) ring	[riŋ]
wedding ring	(en) förlovningsring	[føː'lɔvniŋs'riŋ]
bracelet	(ett) ⌐rmband	['arm'band]
earrings	örhängen	[ør'hɛngen]
necklace (~ of pearls)	(ett) halsband	['haʎs'band]
crown	(en) krona	['kruna]
bead necklace	(en) pärlor	['pɛrlur]

diamond	(en) briljant	[bri'ʎjant]
emerald	(en) smaragd	[sma'ragd]
ruby	(en) rubin	[ru'bin]
sapphire	(en) safir	[sa'fir]
pearl	pärlor	['pɛrlɔr]
amber	(en) bärnsten	['bɛrnʃtɛn]

40. Watches. Clocks

watch (wristwatch)	(ett) armbandsur	['armband'syr]
dial	(en) urtavla	['jurtavla]
hand (of clock, watch)	(en) visare	['wisarɛ]
metal bracelet	(ett) armband	['arm'band]
watch strap	(en) armband	[arm'band]

battery	(ett) batteri	[battɛ'ri]
to be flat (battery)	att vara dött	[at 'vara 'døt]
to change a battery	att byta batteri	[at 'bita battɛ'ri]
to run fast	att gå före	[at gɔ: 'førɛ]
to run slow	att dra sig	[at 'dra sɛj]

wall clock	(en) väggklocka	['vɛggk'lɔkka]
hourglass	(en) sandklocka	['sandk'lɔkka]
sundial	(en) solklocka	['suʎk'lɔkka]
alarm clock	(en) väckarklocka	['vɛkka 'klɔkka]
watchmaker	(en) urmakare	['jur'makarɛ]
to repair (vt)	att reparera	[at repa'rɛra]

Food. Nutricion

41. Food

meat	(ett) kött	['ɕøt]
chicken	(en) höna	['høna]
young chicken	(en) kyckling	['ɕyklɪŋ]
duck	(en) anka	['aŋka]
goose	(en) gås	[gɔːs]
game	(ett) vilt	[wiʌt]
turkey	(en) kalkon	[kaʎ'kun]

pork	(ett) fläsk	['flɛsk]
veal	(ett) kalvkött	['kaʎvɕøt]
lamb	(ett) lammkött	['ʎammeɕøt]
beef	(ett) nötkött	['nøt'tɕøt]
rabbit	(en) kanin	[ka'nin]

sausage (salami, etc.)	(en) korv	[kɔrv]
vienna sausage	(en) wienerkorv	['wiŋɛr'kɔrv]
bacon	(ett) bacon	['bɛjkɔn]
ham	(en) skinka	['ʃiŋka]
gammon (ham)	(en) skinka	['ʃiŋka]

pâté	(en) pastej	[pas'tɛj]
liver	(en) lever	['levɛr]
lard	(ett) späck	[spɛkk]
mince	(en) färs	[fɛːʃ]
tongue	(en) tunga	['tuŋa]

egg	(ett) ägg	[ɛgg]
eggs	ägg	[ɛgg]
egg white	(en) äggvita	['ɛggwita]
egg yolk	(en) äggula	[ɛg'gyla]

fish	(en) fisk	[fisk]
seafood	fisk och skaldjur	['fisk ɔ 'skaʎjur]
caviar	(en) kaviar	['ka'vjar]

crab	(en) krabba	['krabba]
prawn	(en) räka	['rɛka]
oyster	(ett) ostron	['ustrun]
spiny lobster	(en) langust	[laŋ'gyst]
octopus	(en) bläckfisk	['blɛkfisk]
squid	(en) bläckfisk	['blɛkfisk]

sturgeon	(ett) störkött	['størɕøt]
salmon	(en) lax	[ʎaks]
halibut	(en) hälleflundra	['hɛllef'lundra]
cod	(en) torsk	[tɔːʃk]

mackerel	(en) makrill	['makriʎ]
tuna	(en) tonfisk	['tun'fisk]
eel	(en) ål	[ɔ:ʎ]

trout	(en) öring	['ɛriŋ]
sardine	(en) sardin	[sɑ:'di:n]
pike	(en) gädda	['jeddɑ]
herring	(en) sill	[siʎ]

bread	(ett) bröd	['brød]
cheese	(en) ost	[ust]
sugar	(ett) socker	['sɔkkɛr]
salt	(ett) salt	[saʎt]

rice	(ett) ris	[ris]
pasta	makaroner	[mɑkɑ'runɛr]
noodles	nudlar	['nydlɑr]

butter	(ett) smör	['smør]
vegetable oil	(en) vegetabilisk olja	[wegetɑ'bilisk 'ɔʎja]
sunflower oil	(en) solrosolja	['suʎru'sɔʎja]
margarine	(ett) margarin	[mɑrgɑ'rin]

olives	oliver	[u'livɛr]
olive oil	(en) olivolja	[u'li'vɔʎja]

milk	(en) mjölk	['mjoʎk]
condensed milk	(en) kondenserad mjölk	[kɔnden'sɛrɑd 'mjoʎk]
yogurt	(en) yoghurt	['jogu:t]
sour cream	(en) gräddfil	['grɛddfiʎ]
cream (of milk)	(en) grädde	['grɛddɛ]

mayonnaise	(en) majonnäs	[mɑju'ŋɛs]
buttercream	(en) kräm	[krɛm]

groats	(en) gryn	['gryn]
flour	(ett) mjöl	['mjoʎ]
tinned food	(en) konserv	[kɔn'sɛrv]

cornflakes	majsflingor	['mɑisf'liŋur]
honey	(en) honung	['hɔnuŋ]
jam	(en) gelé	[hɛ'lɛ]
chewing gum	(ett) tuggummi	['tyggummi]

42. Drinks

water	(ett) vatten	['vattɛn]
drinking water	(ett) dricksvatten	['driksvattɛn]
mineral water	(ett) mineralvatten	[minɛ'rɑʎ'vattɛn]

still (adj)	icke kolsyrat	['ike 'kɔʎ'syrɑd]
carbonated (adj)	kolsyrad	['kɔʎ'syrɑd]
sparkling (adj)	kolsyrad	['kɔʎ'syrɑd]
ice	(en) is	[is]

with ice	med is	[med 'is]
non-alcoholic (adj)	alkoholfri	[alku'hɔʎfri]
soft drink	(en) alkoholfri dryck	[alku'hɔʎfri drykk]
cool soft drink	(en) kall läsk	[kaʎ lɛsk]
lemonade	(en) lemonad	[lemɔ'nad]

spirits	alkoholhaltiga drycker	[alkɔ'hɔʎ'haʎtiga 'drykkɛr]
wine	(ett) vin	[win]
white wine	(ett) vitvin	['wit'win]
red wine	(ett) rödvin	[rød'win]

liqueur	(en) likör	[li'kør]
champagne	(en) champagne	[ʃʌm'paɲ]
vermouth	(en) vermouth	['vɛrmut]

whisky	(en) whisky	['wiski]
vodka	(ett) brännvin	['brɛŋwin]
gin	(ett) gin	[dʒin]
cognac	(en) konjak	['kɔɲjak]
rum	(en) rom	[rɔm]

coffee	(ett) kaffe	['kaffɛ]
black coffee	(ett) svart kaffe	[svat 'kaffɛ]
white coffee	(ett) kaffe med mjölk	['kaffɛ me 'mjoʎk]
cappuccino	(ett) kaffe med grädde	['kaffɛ me 'grɛddɛ]
instant coffee	(ett) snabbkaffe	['snabbkaffɛ]

milk	(en) mjölk	['mjoʎk]
cocktail	(en) cocktail	['kɔktɛjʎ]
milk shake	(en) milkshake	['milk'ʃɛjk]

juice	(en) juice	[jus]
tomato juice	(en) tomatjuice	[tu'mat 'jus]
orange juice	(en) apelsinjuice	[apeʎ'sin 'jus]
freshly squeezed juice	(en) nypressad juice	['nypressad 'jus]

beer	(ett) öl	[øʎ]
lager	(ett) ljust öl	['just øʎ]
bitter	(ett) mörkt öl	['mørkt øʎ]

tea	(ett) te	[tɛ:]
black tea	(ett) svart te	['svart tɛ:]
green tea	(ett) grönt te	['grønt tɛ:]

43. Vegetables

vegetables	grönsaker	[grøn'sakɛr]
greens	grönsaker	[grøn'sakɛr]

tomato	(en) tomat	[tu'mat]
cucumber	(en) gurka	['gurka]
carrot	(en) morot	['murut]
potato	(en) potatis	[pu'tatis]
onion	(en) lök	['løk]

garlic	(en) vitlök	['witløk]
cabbage	(en) kål	[kɔ:ʎ]
cauliflower	(en) blomkål	['blumkɔ:ʎ]
Brussels sprouts	(en) brysselkål	['bryssɛʎkɔ:ʎ]
broccoli	(en) broccoli	['brɔkkɔli]

beetroot	(en) rödbeta	['rødbetɑ]
aubergine	(en) aubergine	[ɔbɛr'ʃin]
marrow	(en) squash	[skvɔʃ]
pumpkin	(en) pumpa	['pympɑ]
turnip	(en) rova	['ruvɑ]

parsley	(en) persilja	[pɛ:'ʃiʎja]
dill	(en) dill	[diʎ]
lettuce	(en) sallad	['sɑlɑd]
celery	(en) selleri	['sellɛri]
asparagus	(en) sparris	['spɑrris]
spinach	(en) spenat	[spe'nɑt]

pea	(en) ärta	['ɛrtɑ]
beans	bönor	['bønur]
maize	(en) majs	[mɑjs]
kidney bean	(en) skärböna	['ʃɛrbønɑ]

bell pepper	(en) paprika	['pɑprikɑ]
radish	(en) rädisa	['rɛdisɑ]
artichoke	(en) kronärtskocka	['krunɛrtskɔkkɑ]

44. Fruits. Nuts

fruit	(en) frukt	[frykt]
apple	(ett) äpple	['ɛple]
pear	(ett) päron	['pɛrɔn]
lemon	(en) citron	[sit'run]
orange	(en) apelsin	[apeʎ'sin]
strawberry	(en) jordgubbe	['ju:d'gybbɛ]

tangerine	(en) mandarin	[mandɑ'rin]
plum	(ett) plommon	['plummɔn]
peach	(en) persika	['pɛ:ʃikɑ]
apricot	(en) aprikos	[apri'kus]
raspberry	(ett) hallon	['halɔn]
pineapple	(en) ananas	['anɑnɑs]

banana	(en) banan	['banɑn]
watermelon	(en) vattenmelon	['vattɛnme'lun]
grape	druvor	['dryvur]
sour cherry	(ett) körsbär	['ɕø:ʃbɛr]
sweet cherry	(ett) fågelbär	['fɔ:geʎbɛr]
melon	(en) melon	[me'lun]

grapefruit	(en) grapefrukt	['grejpfrukt]
avocado	(en) avokado	[avu'kadu]
papaya	(en) papaya	[pa'paja]

mango	(en) mango	['mangu]
pomegranate	(en) granatäpple	[gra'natɛple]

redcurrant	(ett) röda vinbär	['røda 'winbɛr]
blackcurrant	svarta vinbär	['svata 'winbɛr]
gooseberry	(ett) krusbär	['krysbɛr]
bilberry	(ett) blåbär	['blɔːbɛr]
blackberry	(ett) björnbär	['bjornbɛr]

raisin	(ett) russin	['ryssin]
fig	(ett) fikon	['fikɔn]
date	(en) dadel	['dadɛʎ]

peanut	(en) jordnöt	['juːdnøt]
almond	(en) mandel	['mandɛʎ]
walnut	(en) valnöt	['vaʎnøt]
hazelnut	(en) hasselnöt	['hasseʎnøt]
coconut	(en) kokosnöt	['kukusnøt]
pistachios	pistaschnötter	['pistaʃnøttɛr]

45. Bread. Sweets

confectionery (pastry)	konditorivaror	[kɔnditu'ri 'varur]
bread	(ett) bröd	['brød]
biscuits	småkakor	['smɔːkakur]

chocolate (n)	(en) choklad	[ʃɔk'lad]
chocolate (as adj)	choklad-	[ʃɔk'lad]
sweet	(en) godsak	['gudsak]
cake (e.g. cupcake)	(en) bakelse	['bakeʎsɛ]
cake (e.g. birthday ~)	(en) tårta	['tɔːrta]

pie (e.g. apple ~)	(en) paj	[paj]
filling (for cake, pie)	(en) fyllning	['fyʎniŋ]

whole fruit jam	(en) sylt	[syʎt]
marmalade	(en) marmelad	[marme'ʎad]
waffle	våfflor	['vɔːfflur]
ice-cream	(en) glass	[glass]

46. Cooked dishes

course, dish	(en) maträtt	['matrɛt]
cuisine	(en) husmanskost	['hysmanskɔst]
recipe	(ett) recept	[re'sɛpt]
portion	(en) portion	[puːʃun]

salad	(en) sallad	['salad]
soup	(en) soppa	['sɔpa]

clear soup (broth)	(en) buljong	[by'ʎɔŋ]
sandwich (bread)	(en) smörgås	['smørgɔːs]

fried eggs	(en) äggröra	['ɛggrørɑ]
cutlet	(en) kotlett	[kɔt'lɛt]
hamburger (beefburger)	(en) hamburgare	['hɑmbyrgɑrɛ]
beefsteak	(en) biffstek	['biffstɛk]
roast meat	(en) stek	[stɛk]

garnish	(en) garnering	[gɑr'nɛriŋ]
spaghetti	spagetti	[spɑ'gɛtti]
mash	(ett) potatismos	[pu'tɑtismus]
pizza	(en) pizza	['pitsɑ]
porridge (oatmeal, etc.)	(en) gröt	['grøt]
omelette	(en) omelett	[ɔme'lɛt]

boiled (e.g. ~ beef)	kokt	[kukt]
smoked (adj)	rökt	['røkt]
fried (adj)	stekt	[stɛkit]
dried (adj)	torkad	['tɔrkɑd]
frozen (adj)	fryst	[fryst]
pickled (adj)	marinerad	[mɑri'nɛrɑd]

sweet (sugary)	söt	['søt]
salty (adj)	salt	[sɑʎt]
cold (adj)	kall	[kɑʎ]
hot (adj)	het	[het]
bitter (adj)	bitter	['bittɛr]
tasty (adj)	gott	[gɔt]

to cook (in boiling water)	att koka	[ɑt 'kukɑ]
to cook (dinner)	att laga	[ɑt 'lɑgɑ]
to fry (vt)	att steka	[ɑt 'stɛkɑ]
to heat up (food)	att värma upp	[ɑt 'vɛrmɑ up]

to salt (vt)	att salta	[ɑt 'sɑʎtɑ]
to pepper (vt)	att peppra	[ɑt 'peprɑ]
to grate (vt)	att riva	[ɑt 'rivɑ]
peel (n)	(ett) skal	[skɑʎ]
to peel (vt)	att skala	[ɑt 'skɑʎɑ]

47. Spices

salt	(ett) salt	[sɑʎt]
salty (adj)	salt	[sɑʎt]
to salt (vt)	att salta	[ɑt 'sɑʎtɑ]

black pepper	(en) svartpeppar	['svɑrt 'pɛpɑr]
red pepper	(en) cayenne peppar	['kɑjeɲe 'pɛpɑr]
mustard	(en) senap	['senɑp]
horseradish	(en) pepparrot	['pepɑr'rut]

condiment	(en) krydda	['kryddɑ]
spice	(en) krydda	['kryddɑ]
sauce	(en) sås	[sɔ:s]
vinegar	(en) ättika	['ɛttikɑ]
anise	(en) anis	['ɑnis]

basil	**(en) basilika**	[bɑ'silikɑ]
cloves	**(en) nejlika**	['nɛjlikɑ]
ginger	**(en) ingefära**	['ingeferɑ]
coriander	**(en) koriander**	[kɔri'andɛr]
cinnamon	**(en) kanel**	[kɑ'nɛʎ]

sesame	**(en) sesam**	['sesɑm]
bay leaf	**(ett) lagerblad**	['lagɛrblɑd]
paprika	**(en) paprika**	['pɑprikɑ]
caraway	**(en) kummin**	['kymmin]
saffron	**(en) saffran**	['sɑffrɑn]

48. Meals

food	**(en) mat**	[mɑt]
to eat (vi, vt)	**att äta**	[ɑt 'ɛtɑ]

breakfast	**(en) frukost**	['frykɔst]
to have breakfast	**att äta frukost**	[ɑt 'ɛtɑ 'frukɔst]
lunch	**(en) lunch**	[lynʃ]
to have lunch	**att äta lunch**	[ɑt 'ɛtɑ lynʃ]
dinner	**(en) kvällsmat**	['kvɛʎsmɑt]
to have dinner	**att äta kvällsmat**	[ɑt 'ɛtɑ kvɛʎs'mɑt]

appetite	**(en) aptit**	['ɑptit]
Enjoy your meal!	**Smaklig måltid!**	['smɑklig 'mɔːltid]

to open (~ a bottle)	**att öppna**	[ɑt øpnɑ]
to spill (liquid)	**att spilla ut**	[ɑt 'spilɑ jut]
to spill out (vi)	**att spilla ut**	[ɑt 'spilɑ jut]

to boil (vi)	**att koka**	[ɑt 'kukɑ]
to boil (vt)	**att koka**	[ɑt 'kukɑ]
boiled (~ water)	**kokt**	[kukt]
to cool (vt)	**att avkyla**	[ɑt 'avɕylɑ]
to cool down (vi)	**att avkylas**	[ɑt 'avɕylɑs]

taste, flavour	**(en) smak**	[smɑk]
aftertaste	**(en) bismak**	['bismɑk]

to be on a diet	**att vara på diet**	[ɑt 'vɑrɑ pɔː di'ɛt]
diet	**(en) diet**	[di'ɛt]
vitamin	**(ett) vitamin**	[witɑ'min]
calorie	**(en) kalori**	[kɑlu'ri]

vegetarian (n)	**(en) vegetarian**	[wegetiri'ɑn]
vegetarian (adj)	**vegetariskt**	[wege'tɑrisk]

fats (nutrient)	**(ett) fett**	[fɛt]
proteins	**proteiner**	[prɔtɛ'inɛr]
carbohydrates	**kolhydrater**	['kɔʎhyd'rɑtɛr]
slice (of lemon, ham)	**(en) strimla**	['strimlɑ]
piece (of cake, pie)	**(en) bit**	[bit]
crumb (of bread)	**(en) smula**	['smylɑ]

49. Table setting

spoon	(en) sked	[ʃɛd]
knife	(en) kniv	[kniv]
fork	(en) gaffel	['gaffɛʎ]

cup (of coffee)	(en) kopp	[kɔp]
plate (dinner ~)	(en) tallrik	['taʎrik]
saucer	(ett) tefat	['tɛfɑt]
serviette	(en) servett	[sɛr'wet]
toothpick	(en) tandpetare	['tɑndpetɑrɛ]

50. Restaurant

restaurant	(en) restaurang	[restɔ'rɑŋ]
coffee bar	(ett) kafé	[kɑ'fɛ]
pub, bar	(en) bar	[bɑr]
tearoom	(ett) tehus	['tɛhys]

waiter	(en) servitör	[sɛrwi'tør]
waitress	(en) servitris	[sɛrwit'ris]
barman	(en) bartender	['bɑrtendɛr]

menu	(en) meny	[me'ny]
wine list	(en) vinlista	['win'lista]
to book a table	att reservera bord	[ɑt resɛr'vɛrɑ bu:d]

course, dish	(en) maträtt	['mɑtrɛt]
to order (meal)	att beställa	[ɑt bes'tɛlɑ]
to make an order	att göra en beställning	[ɑt 'jorɑ ɛn bes'tɛʎniŋ]

aperitif	(en) aperitif	[ɑpɛri'tif]
starter	(en) förrätt	['førrɛt]
dessert, sweet	(en) dessert	[des'sɛr]

bill	(en) restaurangnota	[restɔ'rɑŋ 'nutɑ]
to pay the bill	att betala notan	[ɑt be'tɑlɑ 'nutɑn]
to give change	att ge växel	[ɑt je 'vɛkseʎ]
tip	(en) dricks	[driks]

Family, relatives and friends

51. Personal information. Forms

name, first name	(ett) namn	[namn]
family name	(ett) efternamn	['ɛftɛrnamn]
date of birth	(ett) födelsedatum	['fødeʌse 'datym]
place of birth	(en) födelseort	['fødeʌse 'urt]
nationality	(en) nationalitet	[natʃunali'tɛt]
place of residence	(ett) hemvist	['hɛmwist]
country	(ett) land	[land]
profession (occupation)	(ett) yrke	['yrke]
gender, sex	(ett) kön	['køn]
height	(en) växt	[vɛkst]
weight	(en) vikt	[wikt]

52. Family members. Relatives

mother	(en) mor	[mur]
father	(en) far	[far]
son	(en) son	[sɔn]
daughter	(en) dotter	['dɔttɛr]
younger daughter	(en) yngsta dotter	['yŋsta 'dɔttɛr]
younger son	(en) yngste son	['yŋstɛ sɔn]
eldest daughter	(en) äldsta dotter	['ɛʌdsta 'dɔttɛr]
eldest son	(den) äldste sonen	['ɛʌdstɛ 'sɔnɛn]
brother	(en) bror	[brur]
sister	(en) syster	['systɛr]
cousin (masc.)	(en) kusin	[ky'sin]
cousin (fem.)	(en) kusin	[ky'sin]
mummy	(en) mamma	['mamma]
dad, daddy	(en) pappa	['papa]
parents	föräldrar	[fø'rɛʌdrar]
child	(ett) barn	[barn]
children	barn	[barn]
grandmother	(en) mormor, farmor	['murmur], ['farmur]
grandfather	(en) farfar, morfar	['farfar], ['murfar]
grandson	(en) sonson, dotterson	['sɔnsɔn], ['dɔttɛrsɔn]
granddaughter	(en) sondotter, dotterdotter	['sɔn'dɔttɛr], ['dɔttɛr'dɔttɛr]
grandchildren	barnbarn	['barnbarn]
uncle	(en) farbrorm, morbror	['farbrur], ['mɔrbrur]
aunt	(en) faster, moster	['fastɛr], ['mustɛr]

| nephew | (en) brorson, systerson | ['brurson], ['systɛr'son] |
| niece | (en) brorsdotter, systerdotter | ['brurʃdottɛr, systɛrdottɛr] |

mother-in-law	(en) svärmor	['svɛrmur]
father-in-law	(en) svärfar	['svɛrfar]
son-in-law	(en) svärson	['svɛ:ʃon]
stepmother	(en) styvmor	['styvmur]
stepfather	(en) styvfar	['styvfar]

infant	(ett) dibarn	['dibarn]
baby (infant)	(ett) spädbarn	['spɛdbarn]
little boy, kid	(en) bäbis	['bɛbis]

wife	(en) fru	[fry]
husband	(en) man	[man]
spouse (husband)	(en) make	['make]
spouse (wife)	(en) maka	['maka]

married (masc.)	gift	[jɪft]
married (fem.)	gift	[jɪft]
single (unmarried)	ogift	['ujɪft]
bachelor	(en) ungkarl	['uŋkar]
divorced (masc.)	frånskild	['frɔ:nʃiʎd]
widow	(en) änka	['ɛŋka]
widower	(en) änkling	['ɛŋkliŋ]

relative	(en) släkting	['slɛktiŋ]
close relative	(en) nära släkting	['nɛra 'slɛktiŋ]
distant relative	(en) avlägsen släkting	[av'lɛgsen 'slɛktiŋ]
relatives	släktingar	['slɛktiŋar]

orphan (boy or girl)	(ett) föräldralöst barn	[fø'rɛʎdraløst ba:n]
guardian (of minor)	(en) förmyndare	[fø:'myndarɛ]
to adopt (a boy)	att adoptera	[at adɔp'tɛra]
to adopt (a girl)	att adoptera	[at adɔp'tɛra]

53. Friends. Colleagues

friend (masc.)	(en) vän	[vɛn]
friend (fem.)	(en) väninna	[vɛ'niŋa]
friendship	(en) vänskap	['vɛnskap]
to be friends	att vara vän med ...	[at vara vɛn me]

pal (masc.)	(en) kompis	['kɔmpis]
pal (fem.)	(en) kompis	['kɔmpis]
partner	(en) partner	['pa:tnɛr]

chief (boss)	(en) chef	[ʃɛf]
superior	(en) chef	[ʃɛf]
subordinate	(en) underordnad	['undɛ'rɔ:dnat]
colleague	(en) kollega	[kul'lega]
acquaintance (person)	(en) bekant	[be'kant]
fellow traveller	(en) resekamrat	['rɛsekam'rat]

classmate	(en) klasskamrat	['klasskamrat]
neighbour (masc.)	(en) granne	['graŋɛ]
neighbour (fem.)	(en) granne	['graŋɛ]
neighbours	grannar	['graŋar]

54. Man. Woman

woman	(en) kvinna	['kwiŋa]
girl (young woman)	(en) tjej	[ɕəj]
bride	(en) brud	[bryd]

beautiful (adj)	vacker	['vakkɛr]
tall (adj)	lång	[lɔːŋ]
slender (adj)	slank, stilig	[slaŋk], ['stiligʲ]
short (adj)	kort	[kɔːt]

blonde (n)	(en) blondin	[blɔn'din]
brunette (n)	(en) brunett	[brynɛt]

ladies' (adj)	dam-	[dam]
virgin (girl)	(en) jungfru	['juɲfry]
pregnant (adj)	gravid	[gra'wid]

man (adult male)	(en) man	[man]
blonde haired man	(en) blond man	['blɔnd man]
dark haired man	(en) brunhårig	['brynhɔːrigʲ]
tall (adj)	lång	[lɔːŋ]
short (adj)	kort	[kɔːt]

rude (rough)	oförskämd	[uføːˈʃəmd]
stocky (adj)	fast	[fast]
robust (adj)	kraftig	['kraftigʲ]
strong (adj)	stark	[stark]
strength	(en) styrka	['styrka]

stout, fat (adj)	tjock	['ɕøkk]
swarthy (adj)	mörkhyad	[mørk'hyad]
well-built (adj)	välbyggd	['vɛʎbygd]
elegant (adj)	elegant	[ɛle'gant]

55. Age

age	(en) ålder	['ɔːʎdɛr]
youth (young age)	(en) ungdom	['ungdɔm]
young (adj)	ung	[uŋ]

younger (adj)	yngre	['yŋrɛ]
older (adj)	äldre	['ɛʎdrɛ]

young man	(en) yngling	['yŋliŋ]
teenager	(en) tonåring	['tɔnɔːriŋ]
guy, fellow	(en) grabb	[grabb]

| old man | (en) gammal man | ['gammaʎ man] |
| old woman | (en) gumma | ['gymma] |

adult	vuxen	['wyksɛn]
middle-aged (adj)	medelålders	['mede'ʎɔʎdeʃ]
elderly (adj)	äldre	['ɛʎdrɛ]
old (adj)	gammal	['gammaʎ]

retirement	(en) pension	[pen'ʃun]
to retire (from job)	att gå i pension	[at gɔ: i pen'ʃun]
pensioner	(en) pensionär	[penʃu'nɛr]

56. Children

child	(ett) barn	[barn]
children	barn	[barn]
twins	tvillingar	['twiliŋar]

cradle	(en) vagga	['vagga]
rattle	(en) skallra	['skaʎra]
nappy	(en) blöja	['bløja]

dummy, comforter	(en) napp	[nap]
pram	(en) barnvagn	['barnvagn]
nursery	(ett) dagis	['dagis]
babysitter	(en) barnflicka	['barnf'likka]

childhood	(en) barndom	['barndum]
doll	(en) docka	['dɔkka]
toy	(en) leksak	['leksak]
construction set	(en) byggleksak	[bygglek'sak]

well-bred (adj)	väluppfostrad	['vɛlyp'fustrad]
ill-bred (adj)	ohyfsad	['uhyfsad]
spoilt (adj)	bortskämd	['bortʃɛmd]

to be naughty	att vara stygg	[at 'vara styg]
mischievous (adj)	stygg, olydig	[styg], ['ulydigʲ]
mischievousness	(ett) upptåg	['uptɔ:g]
mischievous child	(en) upptågsmakare	['uptɔ:gs'makarɛ]

| obedient (adj) | lydig | ['lydigʲ] |
| disobedient (adj) | olydig | ['ulydigʲ] |

docile (adj)	intelligent	[inteli'gent]
clever (intelligent)	förståndig	[fø:ʃ'tɔ:ndigʲ]
child prodigy	(ett) underbarn	['undɛ:'barn]

57. Married couples. Family life

| to kiss (vt) | kyssa | [ɕyssa] |
| to kiss (vi) | kyssas | [ɕyssas] |

family (n)	(en) familj	[fɑ'miʎj]
family (as adj)	familje-	[fɑ'miʎje]
couple	(ett) par	[pɑr]
marriage (state)	(ett) äktenskap	['ɛktɛnskɑp]
hearth (home)	(en) hemmets härd	['hɛmmets hɛːd]
dynasty	(en) dynasti	['dynɑs'ti]
date	(en) träff	[trɛf]
kiss	(en) kyss	[ɕyss]
love (for sb)	(en) kärlek	['ɕəːlek]
to love (sb)	att älska	[ɑt 'ɛʎskɑ]
beloved	(en) älskling	['ɛʎskliŋ]
tenderness	(en) ömhet	[ømhet]
tender (affectionate)	öm	[øm]
faithfulness	(en) trohet	['truhet]
faithful (adj)	trogen	['trugen]
care (attention)	(en) omtanke	['ɔmtaŋke]
caring (~ father)	försiktig	[føː'ʃiktigʲ]
newlyweds	nygifta	['nyifta]
honeymoon	(en) smekmånad	['smekmɔːnɑd]
to get married (ab. woman)	att gifta sig	[ɑt 'jɪfta sɛj]
to get married (ab. man)	att gifta sig	[ɑt 'jɪfta sɛj]
wedding	(ett) bröllop	['brøløp]
golden wedding	(ett) guldbröllop	['gyʎdbrøløp]
anniversary	(en) årsdag	['ɔːʃdɑg]
lover (masc.)	(en) älskare	['ɛʎskarɛ]
mistress	(en) älskarinna	[ɛʎskɑ'riŋɑ]
adultery	(en) otrohet	['utruhet]
to commit adultery	att vara otrogen	[ɑt 'vɑrɑ 'utrugen]
jealous (adj)	svartsjuk	['svɑrtʃyk]
to be jealous	att vara svartsjuk på	[ɑt 'vɑrɑ 'svɑrtʃyk pɔː]
divorce	(en) skilsmässa	['ʃiʎs'messɑ]
to divorce (vi)	att skilja sig	[ɑt 'ʃiʎja sɛj]
to quarrel (vi)	att gräla	[ɑt 'grɛlɑ]
to be reconciled	att försonas	[ɑt fø'ʃuːnɑs]
together (adv)	tillsammans	[tiʎ'sɑmmɑns]
sex	(ett) sex	[sɛks]
happiness	(en) lycka	['lykkɑ]
happy (adj)	lycklig	['ly[kligʲ]
misfortune (accident)	(en) olycka	['ulykkɑ]
unhappy (adj)	olycklig	['ulykligʲ]

Character. Feelings. Emotions

58. Feelings. Emotions

feeling (emotion)	(en) känsla	['ɕɛnsla]
feelings	känslor	['ɕɛnslur]
to feel (vt)	att känna	[at 'ɕɛŋa]

hunger	(en) hunger	['huŋɛr]
to be hungry	att vara hungrig	[at 'vara 'huŋrigʲ]
thirst	(en) törst	['tøːʃt]
to be thirsty	att vara törstig	[at 'vara 'tøːʃtigʲ]
sleepiness	(en) sömnighet	['sømnighet]
to feel sleepy	att vara sömnig	[at 'vara 'sømnigʲ]

tiredness	(en) trötthet	['trøtthet]
tired (adj)	trött	['trøt]
to get tired	att bli trött	[at bli 'trøt]

mood (humour)	(ett) humör	[hy'mør]
boredom	(en) leda	['leda]
to be bored	att ha tråkigt	[at ha 'trɔːkigt]
seclusion	(en) ensamhet	['ensamhet]
to seclude oneself	att isolera sig själv	[at isu'lɛra sɛj ʃɛʎv]

to worry (make anxious)	att oroa	[at 'urua]
to be worried	att oroa sig	[at 'urua sɛj]
worrying (n)	(en) oro	[u'ru]
anxiety	(en) oro	[u'ru]
preoccupied (adj)	bekymrad	[be'ɕymrad]
to be nervous	att vara nervös	[at 'vara nɛr'wøs]
to panic (vi)	att råka i panik	[at 'rɔːka i pa'nik]

| hope | (en) förhoppning | [føː'hɔpniŋ] |
| to hope (vi, vt) | att hoppas | [at 'hɔpas] |

certainty	(en) säkerhet	['sɛkɛrhet]
certain, sure (adj)	säker	['sɛkɛr]
uncertainty	(en) osäkerhet	['u'sɛkɛrhet]
uncertain (adj)	osäker	['u'sɛkɛr]

drunk (adj)	full	[fuʎ]
sober (adj)	nykter	['nyktɛr]
weak (adj)	svag	[svag]
happy (adj)	lyckad	['lykkad]
to scare (vt)	att skrämma	[at 'skrɛmma]
fury (madness)	(ett) raseri	[rasɛ'ri]
rage (fury)	(ett) raseri	[rasɛ'ri]
depression	(en) depression	[depre'ʃun]
discomfort	(ett) obehag	['ube'hag]

comfort	(en) komfort	[kɔm'fɔrt]
to regret (be sorry)	att beklaga	[at bek'laga]
regret	(ett) beklagande	[bek'lagandɛ]
bad luck	(en) otur	['utyr]
sadness	(en) ångest	['ɔːŋest]

shame (feeling)	(en) skam	[skam]
merriment, fun	(en) glädje	['glɛdje]
enthusiasm	(en) entusiasm	['entysi'asm]
enthusiast	(en) entusiast	['entysi'ast]
to show enthusiasm	att visa entusiasm	[at 'wisa 'ɛntysi'asm]

59. Character. Personality

character	(en) karaktär	[karak'tɛr]
character flaw	(en) defekt i karaktären	[de'fekt i karak'tɛren]
mind	(ett) förstånd	[førs'tɔnd]
reason	(ett) förnuft	[føː'nyft]

conscience	(ett) samvete	['samwetɛ]
habit (custom)	(en) vana	['vana]
ability	(en) förmåga	[føː'mɔːga]
can (e.g. ~ swim)	att kunna	[at 'kuŋa]

patient (adj)	tålmodig	['tɔːlmudigʲ]
impatient (adj)	otålig	['utɔːligʲ]
curious (inquisitive)	nyfiken	['nyfiken]
curiosity	(en) nyfikenhet	['nyfikenhet]

modesty	(en) blygsamhet	['blygsamhet]
modest (adj)	blygsam	['blygsam]
immodest (adj)	oblyg	[ub'lyg]

laziness	(en) lättja	['lɛtja]
lazy (adj)	lat	[ʎat]
lazy person (masc.)	(en) latmask	['ʎatmask]

cunning (n)	(en) list	[list]
cunning (as adj)	listig	['listigʲ]
distrust	(en) misstro	['misstru]
distrustful (adj)	misstrogen	['misstrugen]

generosity	(en) generositet	[ʃenɛrusi'tet]
generous (adj)	generös	[ʃenɛ'røs]
talented (adj)	talangfull	[ta'laŋfuʎ]
talent	(en) talang	[ta'laŋ]

courageous (adj)	djärv	[jərv]
courage	(en) djärvhet	['jərvhet]
honest (adj)	ärlig	['ɛrligʲ]
honesty	(en) ärlighet	['ɛrlighet]

| careful (cautious) | försiktig | [føː'ʃiktigʲ] |
| courageous (adj) | djärv | [jərv] |

| serious (adj) | allvarlig | [aʎ'vɑːligʲ] |
| strict (severe, stern) | sträng | [strɛŋ] |

decisive (adj)	bestämd	[bes'tɛmd]
indecisive (adj)	obeslutsam	['ubeslytsɑm]
shy, timid (adj)	blyg	[blyg]
shyness, timidity	(en) blyghet	['blyghet]

confidence (trust)	(ett) förtroende	[føːt'ruɛndɛ]
to believe (trust)	att tro	[ɑt tru]
trusting (naïve)	förtroendefull	[føːt'ruɛndɛ 'fuʎ]

sincerely (adv)	uppriktigt	['upriktigt]
sincere (adj)	uppriktig	['upriktigʲ]
sincerity	(en) uppriktighet	['upriktighet]
open (person)	uppriktig	['upriktigʲ]

calm (adj)	lugn	[lyngn]
frank (sincere)	uppriktig	['upriktigʲ]
naïve (adj)	naiv	[nɑ'iv]
absent-minded (adj)	tankspridd	['tɑŋksp'ridd]
funny (amusing)	rolig	['ruligʲ]

greed	(en) girighet	['jɪrihet]
greedy (adj)	girig	['jɪrig]
stingy (adj)	snål	[snɔːʎ]
evil (adj)	elak	['ɛ'lɑk]
stubborn (adj)	envis	['enwis]
unpleasant (adj)	obehaglig	['ubehɑgligʲ]

selfish person (masc.)	(en) egoist	[ɛgu'ist]
selfish (adj)	egoistisk	[ɛgu'istisk]
coward	(en) ynkrygg	['yŋkryg]
cowardly (adj)	feg	[feg]

60. Sleep. Dreams

to sleep (vi)	att sova	[ɑt 'sɔvɑ]
sleep, sleeping	(en) sömn	['sømn]
dream	(en) dröm	['drøm]
to dream (in sleep)	att drömma	[ɑt 'drømmɑ]
sleepy (adj)	sömnig	['sømnigʲ]

bed	(en) säng	[sɛŋ]
mattress	(en) madrass	[mɑd'rɑss]
blanket (eiderdown)	(ett) täcke, (en) filt	['tɛkke], [fiʎt]
pillow	(en) kudde	['kuddɛ]
sheet	(ett) lakan	['ʎakɑn]

insomnia	(en) sömnlöshet	['sømn'løshet]
sleepless (adj)	sömnlös	['sømn'løs]
sleeping pill	(ett) sömnmedel	['sømnmedɛʎ]
to take a sleeping pill	att ta ett sömnpiller	[ɑt tɑ ɛt sømn'pillɛr]
to feel sleepy	att vara sömnig	[ɑt 'vɑrɑ 'sømnigʲ]

to yawn (vi)	att gäspa	[at 'jespa]
to go to bed	att gå till sängs	[at gɔ: tiʎ 'sɛŋs]
to make up the bed	att bädda	[at 'bɛdda]
to fall asleep	att somna	[at 'sɔmna]
nightmare	(en) mardröm	['ma:drøm]
snoring	(en) snarkning	['snarkniŋ]
to snore (vi)	att snarka	[at 'snarka]
alarm clock	(en) väckarklocka	['vɛkka 'klɔkka]
to wake (vt)	att väcka	[at 'vɛkka]
to wake up	att vakna	[at 'vakna]
to get up (vi)	att stiga upp	[at 'stiga up]
to wash oneself	att tvätta sig	[at 'tvɛtta sɛj]

61. Humour. Laughter. Gladness

humour (wit, fun)	(en) humor	['hymur]
sense of humour	(en) humor	['hymur]
to have fun	att ha roligt	[at ha 'rulit]
cheerful (adj)	glad	[glad]
merriment, fun	(ett) nojs	[nɔjs]
smile	(ett) leende	['le:ndɛ]
to smile (vi)	att le, småle	[at le:], ['smɔ:le]
to start laughing	att börja skratta	[at 'børja 'skratta]
to laugh (vi)	att skratta	[at 'skratta]
laugh, laughter	(ett) skratt	[skrat]
anecdote	(en) anekdot	[anek'dɔt]
funny (amusing)	rolig	['ruligⁱ]
funny (comical)	löjlig	['løjligⁱ]
to joke (vi)	att skämta, skoja	[at 'ʃɛmta], ['skɔja]
joke (verbal)	(ett) skämt, skoj	[ʃɛmt], [skɔj]
joy (emotion)	(en) glädje	['glɛdje]
to rejoice (vi)	att glädja sig	[at 'glɛdja sɛj]
glad, cheerful (adj)	glädjande	['glɛdjandɛ]

62. Discussion, conversation. Part 1

communication	(ett) umgänge	['umⁱjeŋe]
to communicate	att umgås	[at 'umgɔ:s]
conversation	(en) konversation	[kɔnvɛrʃʌ'ʃun]
dialogue	(en) dialog	[dia'lɔg]
discussion (debate)	(en) diskussion	[disku'ʃun]
debate	(en) tvist	[twist]
to debate (vi)	att tvista	[at 'twista]
interlocutor	(en) samtalspartner	['samtaʎs 'partnɛr]
topic (theme)	(ett) ämne	['ɛmnɛ]

point of view	(en) synpunkt	['syn'puŋkt]
opinion (viewpoint)	(en) mening	['meniŋ]
speech (talk)	(ett) tal	[taʎ]

discussion (of report, etc.)	(en) diskussion	[disku'ʃun]
to discuss (vt)	att diskutera	[at disku'tɛra]
talk (conversation)	(en) konversation	[kɔnvɛrʃʌ'ʃun]
to talk (vi)	att prata	[at 'prata]
meeting	(ett) möte	['møtɛ]
to meet (vi, vt)	att mötas	[at 'møtas]

proverb	(ett) ordspråk	['u:dʃprɔ:k]
saying	(ett) ordstäv	['u:dʃtɛv]
riddle (poser)	(en) gåta	['gɔ:ta]
to ask a riddle	att ge en gåta	[at je en 'gɔ:ta]
password	(ett) lösenord	[løse'nu:d]
secret	(en) hemlighet	['hemlighet]

oath (vow)	(en) ed	[ed]
to swear (an oath)	att svära	[at 'svɛra]
promise	(ett) löfte	['løftɛ]
to promise (vt)	att lova	[at 'lova]

advice (counsel)	(ett) råd	[rɔ:d]
to advise (vt)	att råda	[at 'rɔ:da]
to listen (to parents)	att följa någons råd	[at 'føʎja 'nɔ:gɔns rɔd]

news	(en) nyhet	['nyhɛt]
sensation (news)	(en) sensation	[sensa'ʃun]
information (facts)	uppgifter	['up'jɪftɛr]
conclusion (decision)	(en) slutsats	['slytsats]
voice	(en) röst	['røst]
compliment	(en) komplimang	[kɔmpli'maŋ]
kind (nice)	älskvärd	['ɛʎskvɛ:d]

word	(ett) ord	[u:d]
phrase	(en) fras	[fras]
answer	(ett) svar	[svar]

| truth | (en) sanning | ['saŋiŋ] |
| lie | (en) lögn | ['løgn] |

thought	(en) tanke	['taŋke]
idea (inspiration)	(en) idé	[i'dɛ:]
fantasy	(ett) påhitt	['pɔ:hit]

63. Discussion, conversation. Part 2

respected (adj)	ärad	['ɛrad]
to respect (vt)	att respektera	[at respek'tɛra]
respect	(en) respekt	[res'pɛkt]
Dear ...	Ärade ...	['ɛrade]
to introduce (present)	att introducera	[at intrɔdu'sɛra]
intention	(en) avsikt	['avsikt]

to intend (have in mind)	att ämna	[at 'ɛmna]
wish	(en) önskan	[ønskan]
to wish (~ good luck)	att önska	[at ønska]

surprise (astonishment)	(en) förvåning	[fø:'vɔ:niŋ]
to surprise (amaze)	att förvåna	[at fø:'vɔ:na]
to be surprised	att bli förvånad	[at bli 'fø:vɔ:nad]

to give (vt)	att ge	[at je:]
to take (get hold of)	att ta	[at ta]
to give back	att återlämna	[at 'ɔ:te:'lɛmna]
to return (give back)	att ge tillbaka	[at je tiʎ'baka]

to apologize (vi)	att ursäkta sig	[at ju:'ʃɛkta sɛj]
apology	(en) ursäkt	[ju:'ʃɛkt]
to forgive (vt)	att förlåta	[at fø:'lɔ:ta]

to talk (speak)	att samtala	[at 'samtala]
to listen (vi)	att lyssna	[at 'lyssna]
to hear out	att höra på	[at 'høra 'pɔ:]
to understand (vt)	att förstå	[at 'fø:ʃtɔ:]

to show (display)	att visa	[at 'wisa]
to look at ...	att titta	[at 'titta]
to call (with one's voice)	att kalla	[at 'kala]
to disturb (vt)	att störa	[at 'støra]
to pass (to hand sth)	att överlämna	[at øvɛ:lɛmna]

demand (request)	(en) begäran	[be'jeran]
to request (ask)	att begära	[at be'era]
demand (firm request)	(ett) krav	[krav]
to demand (request firmly)	att kräva	[at 'krɛva]

to tease (nickname)	att reta	[at 'reta]
to mock (deride)	att håna	[at 'hɔ:na]
mockery, derision	(ett) hån	[hɔ:n]
nickname	(ett) öknamn	[øknamn]

allusion	(en) antydan	['antydan]
to allude (vi)	att antyda	[at 'antyda]
to imply (vt)	att underförstå	[at 'undɛ:fø:ʃtɔ:]

| description | (en) beskrivning | [besk'rivniŋ] |
| to describe (vt) | att beskriva | [at besk'riva] |

| praise (compliments) | (ett) beröm | [bɛ'røm] |
| to praise (vt) | att berömma | [at bɛ'rømma] |

disappointment	(en) besvikelse	[bes'wikeʎsɛ]
to disappoint (vt)	att göra besviken	[at jora bes'wiken]
to be disappointed	att bli besviken (på)	[at bli bes'wiken pɔ:]

supposition	(en) förmodan	[fø:'mudan]
to suppose (assume)	att förmoda	[at fø:'muda]
warning (caution)	(en) varning	['va:niŋ]
to warn (vt)	att varna	[at 'va:na]

64. Discussion, conversation. Part 3

to talk into (convince)	att övertala	[at øvɛ:tala]
to calm down (vt)	att lugna	[at 'lyŋa]
silence (~ is golden)	(en) tystnad	['tystnad]
to keep silent	att tiga	[at 'tiga]
to whisper (vi, vt)	att viska	[at 'wiska]
whisper	(en) viskning	['wiskniŋ]

frankly, sincerely (adv)	uppriktigt	['upriktigt]
in my opinion ...	enligt min mening ...	['enlit min 'meniŋ]

detail (of the story)	(en) detalj	[de'taʎj]
detailed (adj)	detaljerad	[deta'ʎærad]
in detail (adv)	i detalj	[i de'taʎj]

hint, clue	(en) ledtråd	['ledtrɔ:d]
to give a hint	att ge en ledtråd	[at je ɛn 'ledtrɔ:d]

look (glance)	(en) blick	[blikk]
to have a look	att kasta en blick	[at 'kasta en blikk]
fixed (look)	stillastående	['stilastɔ:endɛ]
to blink (vi)	att blinka	[at 'bliŋka]
to wink (vi)	att blinka	[at 'bliŋka]
to nod (in assent)	att nicka	[at 'nikka]

sigh	(en) suck	[sykk]
to sigh (vi)	att dra en suck	[at dra en 'sykk]
to shudder (vi)	att rycka till	[at 'ryka tiʎ]
gesture	(en) gest	[ʃɛst]
to touch (one's arm, etc.)	att vidröra	[at 'widrøra]
to seize (by the arm)	att greppa	[at 'grepa]
to tap (on the shoulder)	att klappa	[at 'klapa]

Look out!	Se upp!	[sɛ up]
Really?	Jaså?	['jassɔ:]
Are you sure?	Är du säker?	[ɛr dy 'sɛkɛr]
Good luck!	Lycka till!	['lykka tiʎ]
I see!	Det är klart!	[de ɛr 'klart]
It's a pity!	Det är synd!	[de ɛr 'synd]

65. Agreement. Refusal

consent (mutual ~)	(ett) samtycke	['sam'tykke]
to agree (say yes)	att komma överens	[at 'kɔmma 'ɛvɛrens]
approval	(ett) godkännande	['gud'çɐŋandɛ]
to approve (vt)	att godkänna	[at 'gud'çɐŋa]
refusal	(ett) avslag	['avslag]
to refuse (vi, vt)	att vägra	[at 'vɛgra]

Great!	Utmärkt!	['jutmɛrkt]
All right!	Okej!	[ɔ'kej]
Okay! (I agree)	OK!	[ɔ'kej]

forbidden (adj)	förbjuden	[fø:'bjyden]
it's forbidden	får inte	['fɔ:r 'intɛ]
it's impossible	omöjligt	['umøjligt]
incorrect (adj)	felaktig	['feʎ'aktigʲ]

to reject (~ a demand)	att avslå	[at 'avslɔ:]
to support (cause, idea)	att stödja	[at 'stødja]
to accept (~ an apology)	att acceptera	[at aksep'tɛra]

to confirm (vt)	att bekräfta	[at bek'rɛfta]
confirmation	(en) bekräftelse	[bek'rɛfteʎsɛ]
permission	(en) tillåtelse	['ti'ʎɔ:teʎsɛ]
to permit (vt)	att tillåta	[at 'tiʎɔ:ta]
decision	(ett) beslut	[bes'lyt]
to say nothing	att tiga, inte svara	[at 'tiga], ['intɛ 'svara]

condition (term)	(ett) villkor	['wiʎkɔr]
excuse (pretext)	(en) undanflykt	['undanf'lykt]
praise (compliments)	(ett) beröm	[bɛ'røm]
to praise (vt)	att berömma	[at bɛ'rømma]

66. Success. Good luck. Failure

success	(en) framgång	['framgɔ:ŋ]
successfully (adv)	framgångsrikt	['framgɔ:ŋsrikt]
successful (adj)	framgångsrik	['framgɔ:ŋsrik]
good luck	(en) lycka	['lykka]
Good luck!	Lycka till!	['lykka tiʎ]
lucky (e.g. ~ day)	lyckad	['lykkad]
lucky (fortunate)	tursam	['ty:ʃʌm]

failure	(ett) misslyckande	['miss'lykkandɛ]
misfortune	(en) otur	['utyr]
bad luck	(en) otur	['utyr]
unsuccessful (adj)	misslyckad	['mislykkad]
catastrophe	(en) katastrof	[katast'rɔf]

pride	(en) stolthet	['stɔʎthet]
proud (adj)	stolt	[stɔʎt]
to be proud	att vara stolt	[at 'vara stɔʎt]

winner	(en) segrare	['segrarɛ]
to win (vi)	att vinna	[at 'wiŋa]
to lose (not win)	att förlora	[at fø:'lura]
try	(ett) försök	['fø:'ʃɔk]
to try (vi)	att försöka	[at 'fø:'ʃɔka]
chance (opportunity)	(en) chans	[ʃʌns]

67. Quarrels. Negative emotions

| shout (scream) | (ett) skrik | [skrik] |
| to shout (vi) | att skrika | [at 'skrika] |

to start to cry out	att börja skrika	[at 'børja 'skrika]
quarrel	(ett) gräl	[ɛt grɛʌ]
to quarrel (vi)	att gräla	[at 'grɛla]
fight (argument)	(en) skandal	[skan'daʌ]
to have a fight	att göra en skandal	[at 'jora ɛn skan'daʌ]
conflict	(en) konflikt	[kɔnf'likt]
misunderstanding	(ett) missförstånd	['missføːʃ'tɔːnd]

insult	(en) förolämpning	[føru'lɛmpniŋ]
to insult (vt)	att förolämpa	[at føru'lɛmpa]
insulted (adj)	förolämpad	[føru'lɛmpad]
offence (to take ~)	(en) förnärmelse	[føː'nɛrmɛʌsɛ]
to offend (vt)	att förnärma	[at føː'nɛrma]
to take offence	att bli förnärmad	[at bli føː'nɛrmad]

indignation	(en) indignation	[indigna'ʃun]
to be indignant	att bli upprörd	[at bli up'røːd]
complaint	(ett) klagomål	['klagumɔːʌ]
to complain (vi, vt)	att klaga	[at 'klaga]

apology	(en) ursäkt	[juː'ʃɛkt]
to apologize (vi)	att ursäkta sig	[at juː'ʃɛkta sɛj]
to beg pardon	att be om ursäkt	[at be ɔm juː'ʃɛkt]

criticism	(en) kritik	[kri'tik]
to criticize (vt)	att kritisera	[at kriti'sɛra]
accusation	(en) anklagelse	[aŋk'lageʌsɛ]
to accuse (vt)	att anklaga	[at aŋk'laga]

revenge	(en) hämnd	[hɛmnd]
to avenge (vt)	att hämnas	[at 'hɛmnas]
to pay back	att hämnas	[at 'hɛmnas]

disdain	(ett) förakt	[fø'rakt]
to despise (vt)	att förakta	[at fø'rakta]
hatred, hate	(ett) hat	[hat]
to hate (vt)	att hata	[at 'hata]

nervous (adj)	nervös	[nɛr'wøs]
to be nervous	att vara nervös	[at 'vara nɛr'wøs]
angry (mad)	arg	[arʲj]
to make angry	att göra arg	[at 'jora arʲj]

humiliation	(en) förödmjukelse	[førød'mjykeʌsɛ]
to humiliate (vt)	att förödmjuka	[at førød'mjyka]
to humiliate oneself	att förnedra sig	[at føː'nɛdra sɛj]

| shock | (en) chock | [ʃɔkk] |
| to shock (vt) | att chocka | [at 'ʃɔkka] |

| trouble (annoyance) | (ett) trubbel | ['trubbeʌ] |
| unpleasant (adj) | obehaglig | ['ubehagligʲ] |

fear (dread)	(en) rädsla	['rɛdsla]
terrible (storm, heat)	hemsk	[hɛmsk]
scary (e.g. ~ story)	hemsk	[hɛmsk]

| horror | (en) fasa, förfäran | ['fasa], [fø:'vɛran] |
| awful (crime, news) | förfärlig | [fø:'fɑːlig̊] |

to cry (weep)	att gråta	[at 'grɔːta]
to start crying	att börja gråta	[at 'børja 'grɔːta]
tear	(en) tår	[tɔːr]

fault	(en) skuld	[skuʌd]
guilt (feeling)	(en) skuldkänsla	['skuʌdçǝnsla]
dishonour	(en) vanära, skam	['va'nɛra], [skam]
protest	(en) protest	[pru'tɛst]
stress	(en) stress	[strɛss]

to disturb (vt)	att störa	[at 'støra]
to be furious	att vara arg (på)	[at 'vara arʲj pɔː]
angry (adj)	arg	[arʲj]
to end (e.g. relationship)	att avsluta	[at 'avslyta]
to scold (sb)	svära	['svɛra]

to be scared	att vara rädd	[at 'vara 'rɛd]
to hit (strike with hand)	att slå	[at slɔː]
to fight (vi)	att slåss	[at slɔːss]

to settle (a conflict)	att lösa	[at 'løsa]
discontented (adj)	missnöjd	['missnøjd]
furious (adj)	rasande	['rasandɛ]

| It's not good! | Det är inte bra! | [de ɛr 'inte bra] |
| It's bad! | Det är dåligt! | [de ɛr 'dɔːlit] |

Medicine

68. Diseases

illness	(en) sjukdom	['ʃjykdɔm]
to be ill	att vara sjuk	[at 'vara 'ʃjyk]
health	(en) hälsa	['hɛʌsa]
runny nose (coryza)	(en) snuva	['snyva]
tonsillitis	(en) halsfluss	['haʌsflys]
cold (illness)	(en) förkylning	[fø:'ɕyʌniŋ]
to catch a cold	att bli förkyld	[at bli fø:'ɕyʌd]
bronchitis	(en) bronkit	[brɔ'ŋkit]
pneumonia	(en) lunginflammation	['lynginflamma'ʃun]
flu, influenza	(en) influensa	[infly'ɛnsa]
short-sighted (adj)	närsynt	['nɛ:ʃynt]
long-sighted (adj)	långsynt	['lɔ:ŋsynt]
squint	(en) skelögdhet	['ʃɛløgdhet]
squint-eyed (adj)	skelögd	['ʃələøgd]
cataract	(en) grå starr	['grɔ: 'starr]
glaucoma	(en) grön starr	['grøn starr]
stroke	(en) stroke	['struke]
heart attack	(en) infarkt	[in'farkt]
myocardial infarction	(en) hjärtinfarkt	['je:tinfarkt]
paralysis	(en) förlamning	[fø:'lamniŋ]
to paralyse (vt)	att förlama	[at fø:'lama]
allergy	(en) allergi	[allɛr'gi]
asthma	(en) astma	['astma]
diabetes	(en) diabetes	[dia'betes]
toothache	(en) tandvärk	['tandwerk]
caries	(en) karies	['karies]
diarrhoea	(en) diarré	[diar'rɛ]
constipation	(en) förstoppning	[fø:ʃ'tɔpniŋ]
stomach upset	(en) diarré	[diar'rɛ]
food poisoning	(en) förgiftning	[fø:r'jɪftniŋ]
to have a food poisoning	förgifta sig	[fø:r'jɪfta sɛj]
arthritis	(en) artrit	[art'rit]
rickets	(en) rakitis	[ra'ʃitis]
rheumatism	(en) reumatism	[revma'tism]
atherosclerosis	(en) åderförkalkning	['ɔ:dɛrfør'kaʌkniŋ]
gastritis	(en) gastrit	[gast'rit]
appendicitis	(en) appendicit	[apendi'sit]

| cholecystitis | (en) gallblåseinflammation | ['gaʎblɔ:se inflamma'ʃun] |
| ulcer | (ett) magsår | ['magsɔ:r] |

measles	(en) mässling	['mɛssliŋ]
German measles	(en) röda hund	['røda hynd]
jaundice	(en) gulsot	['gyʎsut]
hepatitis	(en) hepatit	[hepa'tit]

schizophrenia	(en) schizofreni	[skitsufre'ni]
rabies (hydrophobia)	(en) rabies	['rabies]
neurosis	(en) neuros	[nev'rɔs]
concussion	(en) hjärnskakning	['jernʃ'kakniŋ]

cancer	(en) cancer	['kansɛr]
sclerosis	(en) skleros	[sklɛ'rɔs]
multiple sclerosis	(en) multipel skleros	[muʎ'tipeʎ sklɛ'rɔs]

alcoholism	(en) alkoholism	[alkuhɔ'lizm]
alcoholic (n)	(en) alkoholist	[alkuhɔ'list]
syphilis	(en) syfilis	['sifilis]
AIDS	AIDS	[ɛjds]

tumour	(en) tumör	[tu'mør]
malignant (adj)	elakartad	['ɛla'kartad]
benign (adj)	godartad	['gu'dartad]

fever	(en) feber	['febɛr]
malaria	(en) malaria	[ma'ʎaria]
gangrene	(en) gangrän	[gang'rɛn]
seasickness	(en) sjösjuka	['ʃɔʃyka]
epilepsy	(en) epilepsi	[epilep'si]

epidemic	(en) epidemi	[ɛpide'mi]
typhus	(en) tyfus	['tifys]
tuberculosis	(en) tuberkulos	[tybɛrky'lɔs]
cholera	(en) kolera	['kulɛra]
plague (bubonic ~)	(en) pest	[pest]

69. Symptoms. Treatments. Part 1

symptom	(ett) symptom	[simp'tɔm]
temperature	(en) temperatur	[tempɛra'tyr]
fever	(en) hög temperatur	['høg tempɛra'tyr]
pulse	(en) puls	[puʎs]

giddiness	(en) svindel	['swindeʎ]
hot (adj)	het	[het]
shivering	(ett) skaka, (ett) darra	['skaka], ['darra]
pale (e.g. ~ face)	blek	[blek]

cough	(en) hosta	['husta]
to cough (vi)	att hosta	[at 'husta]
to sneeze (vi)	att nysa	[at 'nysa]
faint	(en) svimning	['swimniŋ]

to faint (vi)	att svimma	[at 'swimma]
bruise (hématome)	(ett) blåmärke	['blɔ:mɛrke]
bump (lump)	(en) bula	['byla]
to bruise oneself	att slå sig	[at 'slɔ: sɛj]
bruise	(ett) blåmärke	['blɔ:mɛrke]
to get bruised	att slå sig	[at 'slɔ: sɛj]

to limp (vi)	att halta	[at 'haʎta]
dislocation	(en) vrickning	['vrikniŋ]
to dislocate (vt)	att vricka	[at 'vrikka]
fracture	(ett) benbrott	['bɛnbrɔt]
to have a fracture	att få en fraktur	[at fɔ: ɛn frak'tyr]

cut (e.g. paper ~)	(ett) skärsår	['ʃɛrʃɔ:r]
to cut oneself	att skära sig	[at 'ʃɛra sɛj]
bleeding	(en) blödning	['blødniŋ]

| burn (injury) | (ett) brännsår | ['brɛŋsɔ:r] |
| to burn oneself | att bränna sig | [at 'brɛŋa sɛj] |

to prickle (vt)	att sticka	[at 'stikka]
to prickle oneself	att sticka sig	[at 'stikka sɛj]
to injure (vt)	att skada	[at 'skada]
injury	(en) skada	['skada]
wound	(ett) sår	[sɔ:r]
trauma	(en) trauma	['trauma]

to be delirious	att yra	[at 'yra]
to stutter (vi)	att stamma	[at 'stamma]
sunstroke	(ett) solsting	['suʎstiŋ]

70. Symptoms. Treatments. Part 2

| pain | (en) värk | [vɛrk] |
| splinter (in foot, etc.) | (en) sticka | ['stikka] |

sweat (perspiration)	(en) svett	[svɛt]
to sweat (perspire)	att svettas	[at 'svɛttas]
vomiting	(en) kräkning	['krɛkniŋ]
convulsions	kramper	['krampɛr]

pregnant (adj)	gravid	[gra'wid]
to be born	att födas	[at 'fødas]
delivery, labour	(en) förlossning	[fø:'lɔssniŋ]
to labour (vi)	att föda, nedkomma	[at 'føda], ['nɛdkɔmma]
abortion	(en) abort	[a'bɔ:t]

respiration	(en) andning	['andniŋ]
inhalation	(en) inandning	['inandniŋ]
exhalation	(en) utandning	['jutandniŋ]
to breathe out	att andas ut	[at 'andas jut]
to breathe in	att andas in	[at 'andas in]
disabled person	(en) handikappad person	['handikapad pɛ:'ʃun]
cripple	(en) krympling	['krympliŋ]

drug addict	(en) narkoman	[narku'man]
deaf (adj)	döv	['døv]
dumb (adj)	stum	[stym]
deaf-and-dumb (adj)	dövstum	['døvstym]

mad, insane (adj)	galen	['galen]
madman	(en) dåre, galning	['dɔːrɛ], ['gaʎniŋ]
madwoman	(en) dåre, galning	['dɔːrɛ], ['gaʎniŋ]
to go insane	att bli sinnessjuk	[at bli 'siŋɛsʃyk]

gene	(en) gen	[jen]
immunity	(en) immunitet	[immyni'tet]
hereditary (adj)	ärftlig	['ɛrftlig']
congenital (adj)	medfödd	['medfødd]

virus	(ett) virus	['wirys]
microbe	(en) mikrob	[mik'rɔb]
bacterium	(en) bakterie	[bak'tɛrie]
infection	(en) infektion	[infek'ʃun]

71. Symptoms. Treatments. Part 3

hospital	(ett) sjukhus	['ʃykhys]
patient	(en) patient	[pasi'ent]

diagnosis	(en) diagnos	[diag'nɔs]
cure	(en) bota	['buta]
medical treatment	(en) behandling	[be'handliŋ]
to get treatment	att bli behandlad	[at bli behandlad]
to treat (vt)	att behandla	[at be'handla]
to nurse (look after)	att vårda, sköta	[at 'vɔːda], ['ʃota]
care	(en) vård	[vɔːd]

operation, surgery	(en) operation	[ɔpɛra'ʃun]
to bandage (head, limb)	att förbinda	[at føːˈbinda]
bandaging	(en) förbindning	[føːˈbindniŋ]

vaccination	(en) ympning	['ympniŋ]
to vaccinate (vt)	att vaksinera	[at vaksi'nɛra]
injection, shot	(en) injektion	[inʰek'ʃun]
to give an injection	att ge en injektion	[at je ɛn inʰek'ʃun]

attack	(ett) anfall	['anfaʎ]
amputation	(en) amputation	[ampyta'ʃun]
to amputate (vt)	att amputera	[at ampy'tɛra]
coma	(ett) koma	['kɔma]
to be in a coma	att vara i koma	[at 'vara i 'kɔma]
intensive care	(en) återupplivning	['ɔːtɛryplivniŋ]

to recover (~ from flu)	att tillfriskna	[at 'tiʎf'riskna]
state (patient's ~)	(ett) tillstånd	['tiʎstɔːnd]
consciousness	(ett) medvetande	[med'wetandɛ]
memory (faculty)	(ett) minne	['miŋɛ]
to extract (tooth)	att dra ut	[at dra jut]

filling	(en) plomb	[plɔmb]
to fill (a tooth)	att plombera	[at plɔm'bɛra]

hypnosis	(en) hypnos	[hip'nɔs]
to hypnotize (vt)	att hypnotisera	[at 'hipnɔti'sɛra]

72. Doctors

doctor	(en) läkare	['lekarɛ]
nurse	(en) sjuksköterska	['ʃykʃɔte:ʃka]
private physician	(en) privat läkare	[pri'vat 'lekarɛ]

dentist	(en) tandläkare	['tand 'lekarɛ]
ophthalmologist	(en) ögonläkare	[øgɔn 'lekarɛ]
general practitioner	(en) terapeut	[tɛra'peft]
surgeon	(en) kirurg	[ɕi'rurgʲ]

psychiatrist	(en) psykiater	[siki'atɛr]
paediatrician	(en) barnläkare	['ba:n 'lekarɛ]
psychologist	(en) psykolog	[siku'lɔg]
gynaecologist	(en) gynekolog	[jyneku'lɔg]
cardiologist	(en) kardiolog	[ka:diu'lɔg]

73. Medicine. Drugs. Accessories

medicine, drug	(en) medicin	[medi'sin]
remedy	(ett) medel	['medɛʎ]
prescription	(ett) recept	[re'sɛpt]

tablet, pill	(en) tablett	[tab'let]
ointment	(en) salva	['saʎva]
ampoule	(en) ampull	[am'pyʎ]
mixture	(en) mixtur	[miks'tyr]
syrup	(en) sirap	['sirap]
pill	(ett) piller	['pillɛr]
powder	(ett) pulver	['pyʎvɛr]

bandage	(en) gasbinda	['gasbinda]
cotton wool	(en) bomull	['bumyʎ]
iodine	(en) jod	[jod]

plaster	(ett) plåster	['plɔ:stɛr]
eyedropper	(en) pipett	[pi'pet]
thermometer	(en) termometer	[tɛrmu'metɛr]
syringe	(en) spruta	['spryta]

wheelchair	(en) rullstol	['ryʎstuʎ]
crutches	kryckor	['krykkur]

painkiller	(ett) bedövningsmedel	[be'døvniŋs 'medɛʎ]
laxative	(ett) laxermedel	['laksɛr 'medɛʎ]
spirit (ethanol)	(en) sprit	[sprit]

| medicinal herbs | medisinska örter | [medi'sinska ørtɛr] |
| herbal (~ tea) | ört- | [ørt] |

74. Smoking. Tobacco products

tobacco	(en) tobak	['tubɑk]
cigarette	(en) cigarett	[sigɑ'ret]
cigar	(en) cigarr	[si'gɑrr]
pipe	(en) pipa	['pipɑ]
packet (of cigarettes)	(ett) paket	[pɑ'ket]

matches	(en) tändstickor	['tɛndstikkur]
matchbox	(en) tändsticksask	['tɛndstikk 'sɑsk]
lighter	(en) cigarettändare	[sigɑ'ret 'ɛndarɛ]
ashtray	(en) askkopp	['ɑskkɔp]
cigarette case	(ett) cigarettetui	[sigɑ'ret ety'i]

| cigarette holder | (ett) munstycke | ['muns'tykke] |
| filter | (ett) filter | ['fiʌtɛr] |

to smoke (vi, vt)	att röka	[ɑt 'røkɑ]
to light a cigarette	att tända en cigarett	[ɑt 'tɛndɑ ɛn sigɑ'ret]
smoking	(en) rökning	['røkniŋ]
smoker	(en) rökare	['røkarɛ]

cigarette end	(en) fimp	[fimp]
smoke, fumes	(en) rök	['røk]
ash	(en) aska	['ɑskɑ]

HUMAN HABITAT

City

75. City. Life in the city

city, town	(en) stad	[stɑd]
capital	(en) huvudstad	['hywyd 'stɑd]
village	(en) by	[by]
city map	(en) stadsplan	['stɑdsplɑn]
city centre	(ett) centrum	['sɛntrum]
suburb	(en) förort	['føru:t]
suburban (adj)	(ett) förortsområde	[føru:tʃɔm'rɔ:dɛ]
outskirts	(en) utkant	['jutkɑnt]
environs (suburbs)	omgivningar	['ɔm 'yvniŋɑr]
quarter	(ett) kvarter	[kvɑr'tɛr]
residential quarter	(ett) bostadskvarter	[bus'tɑdsk vɑr'tɛr]
traffic	(en) trafik	[trɑ'fik]
traffic lights	(ett) trafikljus	[trɑ'fik 'jus]
public transport	(en) kollektivtrafik	[kɔllek'tiv trɑ'fik]
crossroads	(en) korsning	['kɔ:ʃniŋ]
zebra crossing	(ett) övergångsställe	[øvɛ:gɔ:ŋs 'stɛlle]
pedestrian subway	(en) gångtunnel	['gɔ:ŋ'tuŋeʌ]
to cross (vt)	att gå över	[ɑt gɔ: 'ɛvɛr]
pedestrian	(en) gångtrafikant	[gɔ:ŋtrɑfi'kɑnt]
pavement	(en) trottoar	['trɔttuɑr]
bridge	(en) bro	[bru]
embankment	(en) kaj	[kɑj]
fountain	(en) fontän	[fɔn'tɛn]
allée	(en) allé	[ɑ'le]
park	(en) park	[pɑrk]
boulevard	(en) boulevard	[bule'vɑ:d]
square	(ett) torg	[tɔrj]
avenue (wide street)	(en) aveny	[ɑwe'ny]
street	(en) gata	['gɑtɑ]
lane	(en) gränd	[grɛnd]
dead end	(en) återvändsgata	['ɔ:tɛrvɛnds'gɑtɑ]
house	(ett) hus	[hys]
building	(en) byggnad	['byggnɑd]
skyscraper	(en) skyskrapa	['ʃyskrɑpɑ]
facade	(en) fasad	[fɑ'sɑd]
roof	(ett) tak	[tɑk]

window	(ett) fönster	['fønstɛr]
arch	(en) båge	['bɔːgɛ]
column	(en) kolonn	[kɔ'lɔn]
corner	(en) knut	[knyt]

shop window	(ett) skyltfönster	['ʃyʌtfønstɛr]
shop sign	(en) skylt	[ʃyʌt]
poster	(en) affisch	[af'fiʃ]
advertising poster	(ett) plakat	[pla'kat]
hoarding	(ett) reklamskylt	[rek'lam'ʃyʌt]

rubbish	(ett) avfall	['avfaʌ]
rubbish bin	(en) soptunna	['sup'tuŋa]
to litter (vi)	att skräpa ner	[at 'skrɛpa nɛr]
rubbish dump	(en) soptipp	['sup'tip]

telephone box	(en) telefonkiosk	[tele'fɔnɕøsk]
street light	(en) lyktstolpe	['lyks'tɔʌpɛ]
bench (park ~)	(ett) bänk	[bɛŋk]

policeman	(en) polis	[pu'lis]
police	(en) polis	[pu'lis]
beggar	(en) tiggare	['tiggarɛ]
homeless	(ett) hemlös	['hɛmløs]

76. Urban institutions

shop	(en) affär	[af'fɛr]
chemist, pharmacy	(ett) apotek	[apu'tek]
optician	(en) optiker	['uptikɛr]
shopping centre	(ett) köpcenter	[ɕøp'sɛntɛr]
supermarket	(ett) snabbköp	['snabbɕøp]

bakery	(ett) bageri	[bagɛ'ri]
baker	(en) bagare	['bagarɛ]
cake shop	(ett) konditori	[kɔnditu'ri]
grocery shop	(en) speceriaffär	[spɛsɛ'ri af'fɛːr]
butcher shop	(en) slaktare	['slaktarɛ]

| greengrocer | (en) grönsakshandel | ['grønsaks 'handeʌ] |
| market | (en) marknad | ['marknad] |

coffee bar	(ett) kafé	[ka'fɛ]
restaurant	(en) restaurang	[resto'raŋ]
pub	(en) bar	[bar]
pizzeria	(en) pizzeria	[pitsɛ'ria]

hairdresser	(en) frisersalong	[fri'sɛrʃʌ'lɔŋ]
post office	(en) post	[pɔst]
dry cleaners	(en) kemtvätt	['ɕemtvɛt]
photo studio	(en) fotoateljé	['fotoate'ʌje]

| shoe shop | (en) skoaffär | ['skuaffɛr] |
| bookshop | (en) bokhandel | ['buk'handeʌ] |

sports shop	(en) sportaffär	['spɔ:taffɛr]
clothing repair	(en) klädreparationer	['klɛdreparaʃunɛr]
formal wear hire	(en) kläduthyrning	['klɛdytyniŋ]
DVD rental shop	(en) filmuthyrning	['fiʎmy'tyniŋ]

circus	(en) cirkus	['sirkys]
zoo	(ett) zoo	[su]
cinema	(en) biograf	[biug'raf]
museum	(ett) museum	[my'seum]
library	(ett) bibliotek	[bibliu'tek]

theatre	(en) teater	[te'atɛr]
opera	(en) opera	['upɛra]
nightclub	(en) nattklubb	['nattklybb]
casino	(ett) kasino	[ka'sinu]

mosque	(en) moské	[mus'ke]
synagogue	(en) synagoga	['sinagɔga]
cathedral	(en) domkyrka	['dɔm'ɕyrka]
temple	(ett) tempel	['tɛmpeʎ]
church	(en) kyrka	['ɕyrka]

institute	(ett) institut	[insti'tyt]
university	(ett) universitet	[univɛ:ʃi'tet]
school	(en) skola	['skula]

prefecture	(en) prefektur	[prefek'tyr]
town hall	(en) kommunstyrelse	[kɔm'myns'tyreʎsɛ]
hotel	(ett) hotell	[hu'tɛʎ]
bank	(en) bank	[baŋk]

embassy	(en) ambassad	[ambas'sad]
travel agency	(en) resebyrå	['rese'byrɔ:]
information office	(en) informationsbyrå	[infɔrma'ʃuns 'byrɔ:]
money exchange	(ett) växelkontor	['vɛkseʎ kɔn'tur]

| underground, tube | (en) tunnelbana | ['tuɳeʎ'bana] |
| hospital | (ett) sjukhus | ['ʃykhys] |

| petrol station | (en) bensinstation | [ben'sin sta'ʃun] |
| car park | (en) parkering | [par'kɛriŋ] |

77. Urban transport

bus, coach	(en) buss	[buss]
tram	(en) spårvagn	['spɔ:rvagn]
trolleybus	(en) trådbuss	['trɔ:dbuss]
route (of bus)	(en) linje	['liɳje]
number (e.g. bus ~)	(ett) nummer	['nummɛr]

to go by ...	att åka med ...	[at 'ɔ:ka me]
to get on (~ the bus)	att stiga på	[at 'stiga pɔ:]
to get off ...	att stiga av ...	[at 'stiga 'av]
stop (e.g. bus ~)	(en) hållplats	['hɔ:ʎplats]

75

next stop	(en) nästa hållplats	['nɛsta 'hɔːʎplats]
terminus	(en) slutstation	['slʉtstaʃun]
timetable	(en) tidtabell	['tidta'beʎ]
to wait (vi)	att vänta	[at 'vɛnta]

| ticket | (en) biljett | [bi'ʎjet] |
| fare | (en) biljettkostnad | [bi'ʎjet 'kɔstnad] |

cashier	(en) kassör	[kas'sør]
ticket inspection	(en) biljettkontroll	[bi'ʎjet kɔnt'rɔʎ]
inspector	(en) kontrollant	[kɔntrɔ'ʎant]

to be late (for ...)	att komma för sent	[at 'kɔmma 'før sent]
to miss (~ the train, etc.)	att missa ...	[at 'missa]
to be in a hurry	att ha brottom	[at ha 'brɔttum]

taxi, cab	(en) taxi	['taksi]
taxi driver	(en) taxichaufför	['taksiʃoffør]
by taxi	med taxi	[me 'taksi]
taxi rank	(en) taxistation	['taksi sta'ʃun]
to call a taxi	att ringa efter taxi	[at 'ringa 'ɛftɛr 'taksi]
to take a taxi	att ta en taxi	[at ta ɛn 'taksi]

traffic	(en) gatutrafik	['gatytra'fik]
traffic jam	(ett) trafikstopp	[tra'fikstɔp]
rush hour	(en) rusningstid	['rysniŋstid]
to park (vi)	att parkera	[at par'kɛra]
to park (vt)	att parkera	[at par'kɛra]
car park	(en) parkering	[par'kɛriŋ]

underground, tube	(en) tunnelbana	['tuŋeʎ'bana]
station	(en) station	[sta'ʃun]
to take the tube	att ta tunnelbanan	[at ta 'tuŋeʎ'banan]
train	(ett) tåg	[tɔːg]
train station	(en) järnvägsstation	['jɐrnvɛgs sta'ʃun]

78. Sightseeing

monument	(ett) monument	[muny'ment]
fortress	(en) fästning	['fɛstniŋ]
palace	(ett) slott, palats	[slɔt], [pa'ʎats]
castle	(en) borg	[bɔrj]
tower	(ett) torn	[tuːn]
mausoleum	(ett) mausoleum	[mausu'leum]

architecture	(en) arkitektur	[arʃitek'tyr]
medieval (adj)	medeltida	['medɛʎtida]
ancient (adj)	gammaldags	['gammaʎ'dags]
national (adj)	nationell	[natʃu'nɛʎ]
well-known (adj)	berömd	[bɛ'rømd]

tourist	(en) turist	[tu'rist]
guide (person)	(en) guide	[gajd]
excursion	(en) utflykt	['jutflykt]

to show (vt)	att visa	[at 'wisa]
to tell (vt)	att berätta	[at bɛ'rɛtta]

to find (vt)	att hitta	[at 'hitta]
to get lost	att gå vilse	[at gɔ: 'wiʌsɛ]
map (e.g. underground ~)	(en) karta	['karta]
map (e.g. city ~)	(en) stadsplan	['stadsplan]

souvenir, gift	(en) souvenir	[suwe'nir]
gift shop	(en) souvenirbutik	[suwe'nir bu'tik]
to take pictures	att fotografera	[at 'fɔtɔgra'fɛra]
to be photographed	fotografera sig	[futugra'fɛra sɛj]

79. Shopping

to buy (purchase)	att köpa	[at 'ɕøpa]
purchase	(ett) köp	['ɕøp]
to go shopping	att shoppa	[at 'ʃɔpa]
shopping	(en) shopping	['ʃɔpiŋ]

to be open (ab. shop)	att vara öppen	[at 'vara 'ɛpen]
to be closed	att vara stängd	[at 'vara stɛngd]

footwear	skor	[skur]
clothes, clothing	kläder	['klɛdɛr]
cosmetics	(ett) skönhetsmedel	['ʃɔnhets 'medɛʌ]
food products	matvaror	['mat'varur]
gift, present	(en) present	[pre'sent]

shop assistant (masc.)	(en) försäljare	['fø:ʃɛʎjarɛ]
shop assistant (fem.)	(en) försäljare	['fø:ʃɛʎjarɛ]

cash desk	(en) kassa	['kassa]
mirror	(en) spegel	['spegɛʌ]
counter (in shop)	(en) disk	[disk]
fitting room	(ett) provrum	['pruvrum]

to try on	att prova	[at 'pruva]
to fit (ab. dress, etc.)	att passa	[at 'passa]
to fancy (vt)	att tycka om	[at 'tykka ɔm]

price	(ett) pris	[pris]
price tag	(en) prislapp	['prislap]
to cost (vt)	att kosta	[at 'kɔsta]
How much?	Hur mycket?	[hyr 'mykke]
discount	(en) rabatt	[ra'bat]

inexpensive (adj)	billig	['bilig']
cheap (adj)	billig	['bilig']
expensive (adj)	dyr	[dyr]
It's expensive	Det är dyrt	[de ɛr 'dyrt]

hire (n)	(en) uthyrning	['juthyniŋ]
to hire (~ a dinner jacket)	att hyra	[at 'hyra]

T&P Books. Theme-based dictionary British English-Swedish - 7000 words

| credit | (en) kredit | [kre'dit] |
| on credit (adv) | på kredit | [pɔ: kre'dit] |

80. Money

money	pengar	['pengar]
exchange	(en) växling	['vɛksliŋ]
exchange rate	(en) valutakurs	[va'lyta 'ku:ʃ]
cashpoint	(en) bankomat	[baŋku'mat]
coin	(ett) mynt	[mynt]

| dollar | (en) dollar | ['dɔlar] |
| euro | (en) euro | ['ɛvrɔ] |

lira	(en) lire	['lirɛ]
Deutschmark	(en) mark	[mark]
franc	(en) franc	[fran]
pound sterling	(ett) pund	[pund]
yen	(en) yen	[jen]

debt	(en) skuld	[skuʌd]
debtor	(en) gäldenär	[jəʌde'nɛr]
to lend (money)	att låna ut	[at 'lɔ:na jut]
to borrow (vi, vt)	att låna	[at 'lɔ:na]

bank	(en) bank	[baŋk]
account	(ett) konto	['kɔntu]
to deposit into the account	att sätta in på kontot	[at 'sɛtta in pɔ: 'kɔntut]
to withdraw (vt)	att ta ut	[at ta jut]

credit card	(ett) kreditkort	[kre'dit 'kɔ:t]
cash	(ett) kontanter	[kɔn'tantɛr]
cheque	(en) check	[ɕek]
to write a cheque	att skriva en check	[at 'skriva en 'ɕek]
chequebook	(en) checkbok	[ɕek'buk]

wallet	(en) plånbok	['plɔ:nbuk]
purse	(en) börs	['bø:ʃ]
billfold	(en) portmonnä	[pɔrtmɔ'ŋɛ]
safe	(ett) kassaskåp	['kassas'kɔ:p]

heir	(en) arvinge	['arwiŋe]
inheritance	(ett) arv	[arv]
fortune (wealth)	(en) förmögenhet	['fø:'møgenhet]

lease, let	(en) hyra	['hyra]
rent money	(en) hyra	['hyra]
to rent (sth from sb)	att hyra	[at 'hyra]

price	(ett) pris	[pris]
cost	(en) kostnad	['kɔstnad]
sum	(en) summa	['summa]
to spend (vt)	att spendera	[at spen'dɛra]
expenses	utgifter	[jut'jiftɛr]

78

to economize (vi, vt)	att spara	['at 'spara]
thrifty (adj)	sparsam	['spa:ʃʌm]

to pay (vi, vt)	att betala	['at be'tala]
payment	(en) betalning	[be'taʎniŋ]
change (give the ~)	(en) växel	['vɛkseʎ]

tax	(en) skatt	[skat]
fine	bot	[bɔt]
to fine (vt)	att bötfälla	['at bøt'fɛla]

81. Post. Postal service

post office	(en) post	[pɔst]
post (letters, etc.)	(en) post	[pɔst]
postman	(en) brevbärare	['brevbɛrarɛ]
opening hours	öppettider	['ɛpe'tidɛr]

letter	(ett) brev	[brev]
registered letter	(ett) rekommenderat brev	[rekɔmmen'dɛrat brev]
postcard	(ett) vykort	['vykɔ:t]
telegram	(ett) telegram	[teleg'ram]
parcel	(ett) paket	[pa'ket]
money transfer	(en) postanvisning	['pɔstan'wisniŋ]

to receive (vt)	att få	['at fɔ:]
to send (vt)	att sända	['at 'sɛnda]
sending	(en) brevsändning	[brev'sɛndniŋ]

address	(en) adress	[ad'ress]
postcode	postnummer	['pɔst'nummɛr]
sender	(en) avsändare	['avsɛndarɛ]
receiver, addressee	(en) mottagare	['muttagarɛ]

name	(ett) förnamn	['fø:namn]
family name	(ett) efternamn	['ɛftɛrnamn]

rate (of postage)	(en) tariff	[ta'rif]
standard (adj)	vanlig	['vanlig']
economical (adj)	ekonomisk	[ɛkɔ'nɔmisk]

weight	(en) vikt	[wikt]
to weigh up (vt)	att väga	['at 'vɛga]
envelope	(ett) kuvert	[ky'vɛr]
postage stamp	(ett) frimärke	['frimɛrke]

Dwelling. House. Home

82. House. Dwelling

house	(ett) hus	[hys]
at home (adv)	hemma	['hemma]
courtyard	(en) gård	[gɔːd]
fence	(en) staket	[stɑ'ket]

brick (n)	(ett) tegel	['tegɛʎ]
brick (as adj)	tegel-	['tegɛʎ]
stone (n)	(en) sten	[sten]
stone (as adj)	sten-	[sten]
concrete (n)	(en) betong	[be'tɔŋ]
concrete (as adj)	betong-	[be'tɔŋ]

new (adj)	ny	[nyː]
old (adj)	gammal	['gammaʎ]
decrepit (house)	fallfärdig	['faʎfɛːdigʲ]
modern (adj)	modern	[mu'dɛrn]
multistorey (adj)	flervånings-	['flɛrvɔːniŋs]
high (adj)	hög	['høg]

floor, storey	(en) våning	['vɔːniŋ]
single-storey (adj)	envånings-	['en'vɔːniŋs]

ground floor	(en) bottenvåning	['bɔtten'vɔːniŋ]
top floor	(en) övre våning	['ɛvrɛ 'vɔːniŋ]

roof	(ett) tak	[tɑk]
chimney (stack)	(en) skorsten	['skɔːʃten]

tiles	(ett) taktegel	['tɑktegeʎ]
tiled (adj)	tegeltäckt	['tɛgeʎtɛkt]
loft (attic)	(en) vind	[wind]

window	(ett) fönster	['fønstɛr]
glass	(ett) glas	[glɑs]

window ledge	(ett) fönsterbleck	[fønstɛrb'lɛk]
shutters	fönsterluckor	[fønstɛr'lykkur]

wall	(en) vägg	[vɛgg]
balcony	(en) balkong	[bal'kɔŋ]
downpipe	(ett) stuprör	['styprør]

upstairs (to be ~)	uppe	['juppɛ]
to go upstairs	att stiga upp	[at 'stiga up]
to come down	att gå ned	[at gɔː 'ned]
to move (to new premises)	att flytta	[at 'flyta]

83. House. Entrance. Lift

entrance	(en) ingång	['ingɔ:ŋ]
stairs (stairway)	(en) trappa	['trapa]
steps	(ett) trappsteg	['trapsteg]
banisters	(ett) räcke	['rɛkke]
lobby (hotel ~)	(en) hall	[haʎ]

postbox	(en) brevlåda	['brevlɔ:da]
rubbish container	(en) soptunna	['sup'tuŋa]
refuse chute	(ett) sopnedkast	['supnedkast]

lift	(en) hiss	[hiss]
goods lift	(en) lasthiss	['lasthiss]
lift cage	(en) hytt	[hyt]
to take the lift	att ta hissen	[at ta 'hissɛn]

flat	(en) lägenhet	['lɛgenhet]
residents, inhabitants	(en) hyresgäst	['hyresʰest]
neighbour (masc.)	(en) granne	['graŋɛ]
neighbour (fem.)	(en) granne	['graŋɛ]
neighbours	grannar	['graŋar]

84. House. Doors. Locks

door	(en) dörr	['dørr]
vehicle gate	(en) port	['pɔ:t]
handle, doorknob	(ett) handtag	['handtag]

to unlock (unbolt)	att låsa upp	[at 'lɔ:sa up]
to open (vt)	att öppna	[at øpna]
to close (vt)	att stänga	[at 'stɛŋa]

key	(en) nyckel	['nykkɛʎ]
bunch (of keys)	(en) knippa	['knipa]
to creak (door hinge)	att gnissla	[at 'gnisla]
creak	(ett) gnissel	['gnisseʎ]
hinge (of door)	(ett) gångjärn	['gɔ:ŋjərn]
doormat	(en) matta	['matta]

door lock	(ett) lås	[lɔ:s]
keyhole	(ett) nyckelhål	['nykkɛʎ'hɔ:ʎ]
bolt (sliding bar)	(en) regel	['regeʎ]
door latch	(en) regel	['regeʎ]
padlock	(ett) hänglås	['hɛŋlɔ:s]

to ring (~ the door bell)	att ringa	[at 'riŋa]
ringing (sound)	(en) ringning	['riŋiŋ]
doorbell	(en) ringklocka	['riŋklɔkka]
button	(en) knapp	[knap]
knock (at the door)	(en) knackning	['knakniŋ]
to knock (vi)	att knacka	[at 'knakka]
code	(en) kod	[kɔd]

code lock	(ett) kombinationslås	[kɔmbina'huns'lɔːs]
door phone	(en) porttelefon	['pɔːtele'fɔn]
number (on the door)	(ett) nummer	['nummɛr]
doorplate	(en) namnskylt	['namn'ʃyʎt]
peephole	(ett) titthål	['titt'hɔːʎ]

85. Country house

village	(en) by	[by]
vegetable garden	(ett) grönsaksland	[grønsaks'land]
fence	(ett) staket	[sta'ket]
paling	(en) inhägnad	['inhɛngnad]
wicket gate	(en) grind	[grind]

granary	(ett) förrådshus	[før'rɔːds'hys]
cellar	(en) källare	['ɕɛlarɛ]
shed (in garden)	(en) lada	['lada]
well (water)	(en) brunn	[bryn]

stove (wood-fired ~)	(en) ugn	[ugn]
to heat the stove	att elda	[at 'ɛʎda]
firewood	(en) ved	[wed]
log (firewood)	(ett) vedträ	['wedtrɛ]

veranda	(en) veranda	[vɛ'randa]
terrace (patio)	(en) terrass	[tɛr'rass]
front steps	(en) yttertrappa	['ytɛrt'rapa]
swing (hanging seat)	(en) gunga	['gyŋa]

86. Castle. Palace

castle	(en) borg	[bɔrj]
palace	(ett) slott, palats	[slɔt], [pa'ʎats]
fortress	(en) fästning	['fɛstniŋ]

wall (round castle)	(en) ringmur	['riŋmyr]
tower	(ett) torn	[tuːn]
main tower, donjon	(ett) huvudtorn	['hywyd 'tuːn]

portcullis	(en) lyftport	['lyftpɔːt]
subterranean passage	(en) tunnel	['tuŋɛʎ]
moat	(en) vallgrav	['vaʎgrav]

| chain | (en) kedja | ['ɕedja] |
| arrow loop | (en) skottglugg | ['skɔttglygg] |

| magnificent (adj) | praktfull | ['praktfuʎ] |
| majestic (adj) | majestätisk | [majes'tɛtisk] |

impregnable (adj)	otillgänglig	['utiʎjenlig']
knightly (adj)	riddar-	['riddar]
medieval (adj)	medeltida	['medɛʎtida]

87. Flat

flat	(en) lägenhet	['lɛgenhet]
room	(ett) rum	[ru:m]
bedroom	(ett) sovrum	['sɔvrum]
dining room	(en) matsal	['matsaʎ]
living room	(ett) vardagsrum	['vɑ:dagsrum]
study	(ett) arbetsrum	['arbetsrum]

entry room	(en) entréhall	[ɛnt'rehaʎ]
bathroom	(ett) badrum	['badrum]
water closet	(en) toalett	[tua'let]

ceiling	(ett) tak	[tak]
floor	(ett) golv	[gɔʎv]
corner	(ett) hörn	['hø:n]

88. Flat. Cleaning

to clean (vi, vt)	att städa	[at 'stɛda]
to put away (vt)	att lägga undan	[at 'lɛgga 'undan]
dust	(ett) damm	[damm]
dusty (adj)	dammig	['dammigʲ]
to dust (vt)	att damma	[at 'damma]
vacuum cleaner	(en) dammsugare	['dammsygarɛ]
to vacuum (vt)	att dammsuga	[at 'dammsyga]

to sweep (vi, vt)	att sopa	[at 'supa]
sweepings	(ett) skräp, dam	[skrɛp], [dam]
order	(en) ordning	['ɔ:dniŋ]
disorder, mess	(en) oreda	['u'reda]

mop	(en) mopp	[mɔp]
duster	(en) trasa	['trasa]
broom	(en) sopkvast	['supk'vast]
dustpan	(en) sopskyffel	['sup'ʃyffeʎ]

89. Furniture. Interior

furniture	(en) möbel	['møbeʎ]
table	(ett) bord	[bu:d]
chair	(en) stol	[stuʎ]
bed	(en) säng	[sɛŋ]
sofa, settee	(en) soffa	['sɔffa]
armchair	(en) fåtölj	['fɔ:tøʎj]

bookcase	(en) bokhylla	['buk'hyla]
shelf	(en) bokhylla	['buk'hyla]
set of shelves	(en) hylla	['hyla]
wardrobe	(en) garderob	[gardɛ'rɔb]
coat rack	(en) knagg	[knagg]

coat stand	(en) galge	['gaʎje]
chest of drawers	(en) byrå	['byrɔ:]
coffee table	(ett) soffbord	['sɔff'bu:d]

mirror	(en) spegel	['spegɛʎ]
carpet	(en) matta	['matta]
small carpet	(en) liten matta	['litɛn 'matta]

fireplace	(en) kamin	[ka'min]
candle	(ett) ljus	[jus]
candlestick	(en) ljusstake	['jusstake]

drapes	gardiner	[ga:'dinɛr]
wallpaper	tapeter	[ta'petɛr]
blinds (jalousie)	(en) persienn	['pɛ:ʃjen]

table lamp	(en) bordslampa	['bu:dʃ'ʎampa]
wall lamp	(en) lampa	['lampa]
standard lamp	(en) golvlampa	['gɔʎv'lampa]
chandelier	(en) ljuskrona	['jusk'runa]

leg (of chair, table)	(ett) ben	[bɛn]
armrest	(ett) armstöd	['armstød]
back	(en) rygg	['rygg]
drawer	(en) låda	['lɔ:da]

90. Bedding

bedclothes	sängkläder	['sɛŋk'lɛdɛr]
pillow	(en) kudde	['kuddɛ]
pillowslip	(ett) örngott	[ørngɔt]
blanket (eiderdown)	(ett) täcke, (en) filt	['tɛkke], [fiʎt]
sheet	(ett) lakan	['ʎakan]
bedspread	(ett) överkast	[øvɛrkast]

91. Kitchen

kitchen	(ett) kök	['ɕøk]
gas	(en) gas	[gas]
gas cooker	(en) gasspis	['gasspis]
electric cooker	(en) elektrisk spis	[ɛ'lektrisk spis]
oven	(en) bakugn	['bakugn]
microwave oven	(en) mikrovågsugn	['mikruvɔ:gsygn]

refrigerator	(ett) kylskåp	['ɕyʎskɔ:p]
freezer	(en) frys	[frys]
dishwasher	(en) diskmaskin	['diskma'ʃin]

mincer	(en) köttkvarn	['ɕøtkvarn]
juicer	(en) fruktpress	['fryktpress]
toaster	(en) brödrost	['brødrɔst]
mixer	(en) mixer	['miksɛr]

coffee maker	(en) kaffebryggare	['kaffɛ 'bryggarɛ]
coffee pot	(en) kaffekanna	['kaffɛ 'kaŋa]
coffee grinder	(en) kaffekvarn	['kaffɛ 'kvarn]

kettle	(en) tekittel	['teɟitteʎ]
teapot	(en) tekanna	['tekaŋa]
lid	(ett) lock	[lɔkk]
tea strainer	(en) tesil	[tɛ'siʎ]

spoon	(en) sked	[ʃɛd]
teaspoon	(en) tesked	['tɛʃɛd]
tablespoon	(en) matsked	['matʃɛd]
fork	(en) gaffel	['gaffɛʎ]
knife	(en) kniv	[kniv]

tableware	(en) köksartiklar	[ɕøksa'tyklar]
plate (dinner ~)	(en) tallrik	['taʎrik]
saucer	(ett) tefat	['tɛfat]

shot glass	(ett) vinglas	['winglas]
glass (~ of water)	(ett) glas	[glas]
cup	(en) kopp	[kɔp]

sugar bowl	(en) sockerskål	['sɔkke:ʃ'kɔ:ʎ]
salt shaker	(en) saltskål	['saʎtskɔ:ʎ]
pepper shaker	(en) pepparskål	['pɛpa:ʃkɔ:ʎ]
butter dish	(en) smörfat	[smør'fat]

stew pot	(en) kastrull	[kast'ryʎ]
frying pan	(en) stekpanna	['stekpaŋa]
ladle	(en) slev	[slev]
colander	(ett) durkslag	['dyrkslag]
tray	(en) bricka	['brikka]

bottle	(en) flaska	['fʎaska]
jar (glass)	(en) glasburk	['glasburk]
tin, can	(en) konservburk	[kɔn'sɛrv'burk]

bottle opener	(en) flasköppnare	['fʎaskøpnarɛ]
tin opener	(en) burköppnare	['byrʃɔpnarɛ]
corkscrew	(en) korkskruv	['kɔrkskryv]
filter	(ett) filter	['fiʎtɛr]
to filter (vt)	att filtrera	[at fiʎt'rɛra]

| rubbish, refuse | (ett) avfall | ['avfaʎ] |
| rubbish bin | (en) sophink | ['suphiŋk] |

92. Bathroom

bathroom	(ett) badrum	['badrum]
water	(ett) vatten	['vattɛn]
tap	(en) kran	[kran]
hot water	(ett) varmvatten	['varm'vattɛn]
cold water	(ett) kallvatten	['kaʎ'vattɛn]

toothpaste	(en) tandkräm	['tandk'rɛm]
to clean one's teeth	att borsta tänderna	[at 'bɔːʃta 'tɛndɛrna]

to shave (vi)	att raka sig	[at 'raka sɛj]
shaving foam	(ett) raklödder	['rɛkkløddɛr]
razor	(en) rakhyvel	['rakhyweʎ]

to wash (clean)	att tvätta	[at 'tvɛtta]
to have a bath	att tvätta sig	[at 'tvɛtta sɛj]
shower	(en) dusch	[duʃ]
to have a shower	att duscha	[at duʃʌ]

bath (tub)	(ett) badkar	['badkar]
toilet	(en) klosett	[klu'set]
sink (washbasin)	(ett) handfat	['handfat]

soap	(en) tvål	[tvɔːʎ]
soap dish	(en) tvålskål	['tvɔːʎskɔːʎ]

sponge	(en) svamp	[svamp]
shampoo	(ett) schampo	['ʃʌmpu]
towel	(en) handduk	['handdyk]
bathrobe	(en) morgonrock	['mɔrgɔn'rɔkk]

laundry (process)	(en) tvätt	[tvɛt]
washing machine	(en) tvättmaskin	['tvɛttmaʃin]
to do the laundry	att tvätta kläder	[at 'tvɛtta 'klɛdɛr]
washing powder	(ett) tvättmedel	['tvɛttmedɛʎ]

93. Household appliances

TV, telly	(en) teve	['tɛvɛ]
tape recorder	(en) bandspelare	['bands'pelarɛ]
video	(en) videobandspelare	['wideu bands'pelarɛ]
radio	(en) mottagare	['muttagarɛ]
player (CD, MP3, etc.)	(en) spelare	['spelarɛ]

video projector	(en) videoprojektor	['wideu pru'ɛktɔr]
home cinema	(en) hemmabio	['hemmabiu]
DVD player	(en) DVD spelare	[diwe'de 'spelarɛ]
amplifier	(en) förstärkare	[fø:ʃ'tɛːkarɛ]
video game console	(en) spelkonsol	['speʎkɔnsɔʎ]

video camera	(en) videokamera	['wideu'kamɛra]
camera (photo)	(en) kamera	['kamɛra]
digital camera	(en) digitalkamera	[digi'taʎ 'kamɛra]

vacuum cleaner	(en) dammsugare	['dammsygarɛ]
iron (e.g. steam ~)	(ett) strykjärn	['strykjərn]
ironing board	(en) strykbräda	['strykbrɛda]

telephone	(en) telefon	[tele'fɔn]
mobile phone	(en) mobiltelefon	[mɔ'biʎ tele'fɔn]
typewriter	(en) skrivmaskin	['skrivmaʃin]

sewing machine	(en) symaskin	['syma'ʃin]
microphone	(en) mikrofon	[mikru'fɔn]
headphones	hörlurar	['hø:lyrar]
remote control (TV)	(en) fjärrkontroll	['fjɛrrkɔnt'rɔʎ]
CD, compact disc	(en) CD-skiva	['sede 'ʃiva]
cassette	(en) kassett	[kɑs'sɛt]
vinyl record	(en) skiva	['ʃiva]

94. Repairs. Renovation

renovations	(en) reparation	[repara'ʃun]
to renovate (vt)	att renovera	[at renu'vɛra]
to repair (vt)	att reparera, laga	[at repa'rɛra], ['laga]
to put in order	att ordna	[at 'ɔ:dna]
to redo (do again)	att göra om	[at 'jora ɔm]
paint	(en) färg	[fɛrj]
to paint (~ a wall)	att måla	[at 'mɔ:la]
house painter	(en) målare	['mɔ:larɛ]
brush	(en) pensel	['pensɛʎ]
whitewash	(en) slamfärg	['slamfɛrj]
to whitewash (vt)	att vitlimma	[at 'witlimma]
wallpaper	tapeter	[ta'petɛr]
to put up wallpaper	att tapetsera	[at tape'tsɛra]
varnish	(ett) lack	[lakk]
to varnish (vt)	att lackera	[at lak'kɛra]

95. Plumbing

water	(ett) vatten	['vattɛn]
hot water	(ett) varmvatten	['varm'vattɛn]
cold water	(ett) kallvatten	['kaʎ'vattɛn]
tap	(en) kran	[kran]
drop (of water)	(en) droppe	['drɔppɛ]
to drip (vi)	att droppa	[at 'drɔpa]
to leak (ab. pipe)	att sippra	[at 'sipra]
leak (pipe ~)	(en) läcka	['lɛkka]
puddle	(en) vattenpöl	['vattɛnpøʎ]
pipe	(ett) rör	['rør]
valve	(en) ventil	[wen'tiʎ]
to be clogged up	att bli igentäppt	[at bli ijen'tɛpt]
tools	(ett) verktyg	['vɛrktyg]
adjustable spanner	(en) skiftnyckel	['ʃift'nykkeʎ]
to unscrew (vt)	att skruva ur	[at 'skryva jur]
to screw (tighten)	att skruva	[at 'skryva]
to unclog (vt)	att rensa	[at 'rensa]

plumber	(en) rörmokare	[rør'mɔkarɛ]
basement	(en) källare	['ɕɛlarɛ]
sewerage (system)	(ett) avloppssystem	['avlɔpsis'tem]

96. Fire. Conflagration

fire (to catch ~)	(en) eld	[ɛʎd]
flame	(en) flamma	['flamma]
spark	(en) gnista	['gnista]
smoke (from fire)	(en) rök	['røk]
torch (flaming stick)	(en) fackla	['fakla]
campfire	(ett) bål	[bɔːʎ]

petrol	(en) bensin	[ben'sin]
paraffin	(en) fotogen	[futu'ʃən]
flammable (adj)	brännbar	['brɛŋbar]
explosive (adj)	explosiv	[ɛksplu'siv]
NO SMOKING	RÖKNING FÖRBJUDEN	['røkniŋ føː'bjyden]

safety	(en) säkerhet	['sɛkɛrhet]
danger	(en) farlighet	['farlighet]
dangerous (adj)	farlig	['faːligʲ]

to catch fire	att fatta eld	[at 'fatta ɛʎd]
explosion	(en) explosion	[ɛksplɔ'ʃun]
to set fire	att antända	[at 'antɛnda]
incendiary (arsonist)	(en) pyroman	['pyrɔman]
arson	(en) mordbrand	['muːdbrand]

to blaze (vi)	att flamma	[at 'flamma]
to burn (be on fire)	att brinna	[at 'briŋa]
to burn down	att brinna ned	[at 'briŋa ned]

firefighter	(en) brandman	['brandman]
fire engine	(en) brandbil	['brandbiʎ]
fire brigade	(en) brandkår	['brandkɔːr]
fire engine ladder	(en) brandbilstege	['brandbiʎ 'stɛge]

fire hose	(en) slang	[slaŋ]
fire extinguisher	(en) brandsläckare	['brandslɛkkarɛ]
helmet	(en) hjälm	[jəʎm]
siren	(en) siren	[si'ren]

to call out	att skrika	[at 'skrika]
to call for help	att ropa på hjälp	[at 'rupa pɔː jəʎp]
rescuer	(en) räddare	['rɛddarɛ]
to rescue (vt)	att rädda	[at 'rɛdda]

to arrive (vi)	att komma	[at 'kɔmma]
to extinguish (vt)	att släcka	[at 'slɛkka]
water	(ett) vatten	['vattɛn]
sand	(en) sand	[sand]
ruins (destruction)	ruiner	[ry'inɛr]
to collapse (building, etc.)	att falla ihop	[at 'fala i'hup]

to fall down (vi)	att störta in	[at 'størta in]
to cave in (ceiling, floor)	att störta in	[at 'størta in]
fragment (piece of wall, etc.)	(en) spillra	['spiʎra]
ash	(en) aska	['aska]
to suffocate (die)	att kvävas	[at 'kvɛvas]
to be killed (perish)	att omkomma	[at 'ɔm'kɔmma]

HUMAN ACTIVITIES

Job. Business. Part 1

97. Banking

bank	(en) bank	[baŋk]
branch (of bank, etc.)	(en) avdelning	['avdeʌniŋ]
consultant	(en) konsulent	[kɔnsu'lent]
manager (director)	(en) chef	[ʃɛf]
bank account	(ett) konto	['kɔntu]
account number	(ett) kontonummer	['kɔntu 'nummɛr]
current account	(ett) bankkonto	['baŋk'kɔntu]
deposit account	(ett) sparkonto	['sparkɔntu]
to open an account	att öppna ett konto	[at 'ɛpna ɛt 'kɔntu]
to close the account	att avsluta kontot	[at avs'lyta 'kɔntut]
to deposit into the account	att sätta in på kontot	[at 'sɛtta in pɔ: 'kɔntut]
deposit	(en) insättning	['in'sɛtniŋ]
to make a deposit	att sätta in på kontot	[at 'sɛtta in pɔ: 'kɔntut]
wire transfer	(en) överföring	[øvɛ:'føriŋ]
to wire (money)	att överföra	[at 'ɛvɛ:føra]
sum	(en) summa	['summa]
How much?	Hur mycket?	[hyr 'mykke]
signature	(en) signatur	[signa'tyr]
to sign (v)	att skriva på	[at 'skriva pɔ:]
credit card	(ett) kreditkort	[kre'dit 'kɔ:t]
code	(en) kod	[kɔd]
credit card number	(ett) kreditkortsnummer	[kre'dit 'kɔ:ts 'nummɛr]
cashpoint	(en) bankomat	[baŋku'mat]
cheque	(en) check	[ɕek]
to write a cheque	att skriva en check	[at 'skriva en 'ɕek]
chequebook	(en) checkbok	[ɕek'buk]
loan (bank ~)	(en) kredit	[kre'dit]
to apply for a loan	att ansöka om lån	[at an'søka um lɔ:n]
to get a loan	att få kredit	[at fɔ: kre'dit]
to give a loan	att bevilja en kredit	[at be'wiʌja ɛn kre'dit]
guarantee	(en) garanti	[garan'ti]

98. Telephone. Phone conversation

telephone	(en) telefon	[tele'fɔn]
mobile phone	(en) mobiltelefon	[mɔ'biʎ tele'fɔn]
answering machine	(en) telefonsvarare	[tele'fɔns'vararɛ]

to ring (telephone)	att ringa	[at 'riŋa]
call, ring	(en) telefonsamtal	[tele'fɔnsam'taʎ]

to dial a number	att slå nummer	[at slɔː 'nummɛr]
Hello!	Hallå!	[ha'lɔː]
to ask (vt)	att fråga	[at 'frɔːga]
to answer (vi, vt)	att svara	[at 'svara]

to hear (vt)	att höra	[at 'høra]
well (adv)	bra	[brɔ]
not well (adv)	dåligt	['dɔːlit]
noises (interference)	störningar	['støːniŋar]

receiver	(en) telefonlur	[tele'fɔnlyr]
to pick up (~ the phone)	att lyfta telefonluren	[at 'lyfta tele'fɔnlyren]

engaged (adj)	upptagen	['uptagen]
to ring (ab. phone)	att ringa	[at 'riŋa]
telephone book	(en) telefonkatalog	[tele'fɔn kata'lɔg]

local call	(ett) lokalsamtal	[lu'kaʎsamtaʎ]
international call	(ett) rikssamtal	['rikssamtaʎ]
international (adj)	internationell	[intɛrnatʃu'neʎ]

99. Mobile telephone

mobile phone	(en) mobiltelefon	[mɔ'biʎ tele'fɔn]
display	(en) skärm	[ʃɛrm]
button	(en) knapp	[knap]
SIM card	(ett) SIM-kort	['sim 'kɔːt]

battery	(ett) batteri	[battɛ'ri]
to be flat (battery)	att vara urladdad	[at 'vara 'urladad]
charger	(en) laddare	['laddarɛ]

menu	(en) meny	[me'ny]
settings	inställningar	['instɛʎniŋar]
tune (melody)	(en) melodi	[melu'di]
to select (vt)	att välja	[at 'vɛʎja]

calculator	(en) kalkylator	[kaʎky'ʎatur]
answering machine	(en) telefonsvarare	[tele'fɔns'vararɛ]
alarm clock	(en) väckarklocka	['vɛkka 'klɔkka]
contacts	kontakter	[kɔn'taktɛr]

SMS (text message)	(ett) SMS meddelande	[ɛsɛ'mɛs 'medɛlandɛ]
subscriber	(en) abonnent	[abɔ'ŋɛnt]

100. Stationery

ballpoint pen	(en) kulspetspenna	['kyʎspeʦ 'peŋa]
fountain pen	(en) reservoarpenna	[resɛrvu'ar 'peŋa]
pencil	(en) blyertspenna	['blyɛrʦ 'peŋa]
highlighter	(en) överstrykningspenna	[øvɛ:ʃt'rykkniŋs 'peŋa]
felt-tip pen	(en) tuschpenna	['tuʃpeŋa]
notepad	(ett) block	[blɔkk]
diary	(en) almanacka	['aʎmanakka]
ruler	(en) linjal	[li'ɲjaʎ]
calculator	(en) kalkylator	[kaʎky'ʎatur]
rubber	(ett) suddgummi	['sydd'gummi]
drawing pin	(ett) häftstift	['hɛfʦtift]
paper clip	(ett) gem	[gem]
glue	(ett) lim	[lim]
stapler	(en) häftapparat	['hɛftapa'rat]
hole punch	(ett) hålslag	['hɔ:ʎslag]
pencil sharpener	(en) pennvässare	['peŋ'vɛssarɛ]

Job. Business. Part 2

101. Mass Media

newspaper	(en) tidning	['tidniŋ]
magazine	(en) tidskrift	['tidskrift]
press (printed media)	(en) press	[prɛss]
radio	(en) radio	['radiu]
radio station	(en) radiostation	['radiɔsta'ʃun]
television	(en) television	[telewi'ʃun]
presenter, host	(en) programledare	[prɔg'ramledarɛ]
newsreader	(en) uppläsare	['up'lɛsarɛ]
commentator	(en) kommentator	[kɔmmen'tatur]
journalist	(en) journalist	[ʃurna'list]
correspondent (reporter)	(en) korrespondent	[kɔrrespɔn'dent]
press photographer	(en) pressfotograf	['press fotɔg'raf]
reporter	(en) reporter	[re'pɔ:tɛr]
editor	(en) redaktör	[redak'tør]
editor-in-chief	(en) chefredaktör	['ʃɛf redak'tør]
to subscribe (to ...)	att prenumerera	[at prenymɛ'rɛra]
subscription	(en) prenumeration	[prenumɛra'ʃun]
subscriber	(en) prenumerant	[prenymɛ'rant]
to read (vi, vt)	att läsa	[at 'lɛsa]
reader	(en) läsare	['lɛsarɛ]
circulation (of newspaper)	(en) upplaga	['up'laga]
monthly (adj)	månads-	['mɔ:nads]
weekly (adj)	vecko-	['vɛkkɔ]
issue (edition)	(ett) nummer	['nummɛr]
new (~ issue)	ny, färsk	[ni], [fɛ:ʃk]
headline	(en) rubrik	[rub'rik]
short article	(en) notis	[nutis]
column (regular article)	(en) rubrik	[rub'rik]
article	(en) artikel	[ar'tikeʎ]
page	(en) sida	['sida]
reportage, report	(ett) reportage	[repɔ:'taʃ]
event	(en) händelse	['hɛndeʎsɛ]
sensation (news)	(en) sensation	[sensa'ʃun]
scandal	(en) skandal	[skan'daʎ]
scandalous (adj)	skandalös	[skanda'løs]
great (~ scandal)	stor	[stur]
programme	(ett) program	[prɔg'ram]
interview	(en) intervju	[intɛr'vjy:]

live broadcast	(en) direktsändning	[di'rekt 'sɛndniŋ]
channel	(en) kanal	[ka'naʎ]

102. Agriculture

agriculture	(ett) jordbruk	['juːdbryk]
peasant (masc.)	(en) bonde	['bundɛ]
peasant (fem.)	(en) bondkvinna	['bundk'wiŋa]
farmer	(en) bonde	['bundɛ]

tractor	(en) traktor	['traktur]
combine, harvester	(en) skördetröska	['ʃɔrdet'røska]

plough	(en) plog	[plug]
to plough (vi, vt)	att ploga	[at 'pluga]
ploughland	(ett) gärde	['jeːdɛ]
furrow (in field)	(en) fåra	['fɔːra]

to sow (vi, vt)	att så	[at sɔː]
seeder	(en) såmaskin	['sɔːma'ʃin]
sowing (process)	(en) såning	['sɔːniŋ]

scythe	(en) lie	['lie]
to mow, to scythe	att slå med lie	[at 'sloː me lie]

shovel (tool)	(en) spade	['spadɛ]
to dig (cultivate)	att gräva	[at 'grɛva]

hoe	(en) hacka	['hakka]
to hoe, to weed	att rensa ogräs	[at 'rensa ug'rɛs]
weed (plant)	(ett) ogräs	['ug'rɛs]

watering can	(en) stril	[striʎ]
to water (plants)	att vattna	[at 'vattna]
watering (act)	(en) bevattning	[be'vattniŋ]

pitchfork	(en) grep	[grep]
rake	(en) kratta	['kratta]

fertilizer	(en) gödsel	[josseʎ]
to fertilize (vt)	att gödsla	[at jossla]
manure (fertilizer)	(en) dynga	['dyŋa]

field	(en) åker	['ɔːkɛr]
meadow	(en) äng	[ɛŋ]
vegetable garden	(en) kolonilott	[koloni'lot]
orchard (e.g. apple ~)	(en) trädgård	['trɛgɔːd]

to pasture (vt)	att valla	[at 'vala]
herdsman	(en) herde	['hɛrdɛ]
pastureland	(en) betesmark	['betesmark]

cattle breeding	(en) boskapsskötsel	['buskapʃɔtsɛʎ]
sheep farming	(en) fåravel	['fɔːraweʎ]

plantation	(en) plantage	[plan'taʃ]
row (garden bed ~s)	(en) rad	[rad]
greenhouse (hotbed)	(ett) växthus	['vɛksthys]

drought (lack of rain)	(en) torka	['tɔrka]
dry (~ summer)	torr	[tɔrr]

grain	(en) spannmål	['spaŋmɔːʎ]
to harvest, to gather	att skörda	[at 'ʃɔrda]

miller (person)	(en) mjölnare	['mjoʎnarɛ]
mill (e.g. gristmill)	(en) kvarn	[kvaːn]
to grind (grain)	att mala säd	[at 'mala sɛd]
flour	(ett) mjöl	['mjoʎ]
straw	(en) halm	[haʎm]

103. Building. Building process

building site	(en) byggplats	['byggp'lats]
to build (vt)	att bygga	[at 'bygga]
building worker	(en) byggarbetare	['byggar'betarɛ]

project	(ett) projekt	[pru'ʃɛkt]
architect	(en) arkitekt	[arʃi'tɛkt]
worker	(en) arbetare	['arbetarɛ]

foundations (of building)	(ett) fundament	[fynda'mɛnt]
roof	(ett) tak	[tak]
foundation pile	(en) påle	['pɔːle]
wall	(en) vägg	[vɛgg]

reinforcing bars	(en) armatur	[arma'tyr]
scaffolding	(en) byggnadsställning	['byggnads'tɛʎniŋ]

concrete	(en) betong	[be'tɔŋ]
granite	(en) granit	[gra'nit]
stone	(en) sten	[sten]
brick	(ett) tegel	['tegɛʎ]

sand	(en) sand	[sand]
cement	(en) cement	[se'ment]
plaster (for walls)	(en) rappning	['rapniŋ]
to plaster (vt)	att rappa	[at 'rapa]
paint	(en) färg	[fɛrj]
to paint (~ a wall)	att måla	[at 'mɔːla]
barrel	(en) tunna	['tuna]

crane	(en) lyftkran	['lyftkran]
to lift (vt)	att lyfta	[at 'lyfta]
to lower (vt)	att sänka	[at 'sɛŋka]

bulldozer	(en) bulldozer	[byʎ'dɔsɛr]
excavator	(en) grävskopa	['grɛvskupa]
scoop, bucket	(en) skopa	['skupa]

| to dig (excavate) | **att gräva** | [ɑt ˈɡrɛvɑ] |
| hard hat | **(en) hjälm** | [jəʎm] |

Professions and occupations

104. Job search. Dismissal

job	(ett) arbete	['arbetɛ]
personnel	(en) personal	[pɛrʃu'naʎ]
career	(en) karriär	[karri'ɛr]
prospect	(en) utsikt	['juˈsikt]
skills (expertise)	(ett) mästerskap	['mɛstɛʃkap]
selection (for job)	(en) uttagning	['juttagniŋ]
employment agency	bemanningsföretag	[be'maŋiŋs føre'tag]
curriculum vitae, CV	(en) resumé	[resy'me]
interview (for job)	(en) intervju	[intɛr'vjy:]
vacancy	(en) vakans	['vakans]
salary, pay	(en) lön	['løn]
fixed salary	(en) månadslön	['mɔ:nadsløn]
pay, compensation	(en) betalning	[be'taʎniŋ]
position (job)	(en) tjänst	[ɕenst]
duty (of employee)	(en) skyldighet	['ʃyʎdighet]
range of duties	(en) lista över funktioner	['lista øvɛr fuŋk'ʃunɛr]
busy (I'm ~)	upptagen	['uptagen]
to fire (dismiss)	att avskeda	[at 'avʃəda]
dismissal	(ett) avsked	['avʃəd]
unemployment	(en) arbetslöshet	['arbeˈsløshet]
unemployed (n)	(en) arbetslös	['arbeˈsløs]
retirement	(en) pension	[pen'ʃun]
to retire (from job)	att gå i pension	[at gɔ: i pen'ʃun]

105. Business people

director	(en) direktör	[direk'tør]
manager (director)	(en) förvaltare	['føːvaʎtarɛ]
boss	(en) handledare	['handledarɛ]
superior	(en) chef	[ʃɛf]
superiors	(en) överhet	[øvɛ:het]
president	(en) president	[presi'dent]
chairman	(en) ordförande	['uːdførandɛ]
deputy (substitute)	(en) suppleant	[suple'ant]
assistant	(ett) biträde	['bitrɛdɛ]
secretary	(en) sekreterare	[sekre'tɛrarɛ]

personal assistant	(en) personlig assistent	[pɛ:'ʃunlig assis'tent]
businessman	(en) affärsman	[af'fɛ:ʃman]
entrepreneur	(en) företagare	[føre'tagarɛ]
founder	(en) grundläggare	['gryndlɛggarɛ]
to found (vt)	att grunda	[at 'grunda]

founding member	(en) delägare	['dɛ'ʎægarɛ]
partner	(en) partner	['pa:tnɛr]
shareholder	(en) aktieägare	['aktsiə'ɛgarɛ]

millionaire	(en) miljonär	[miʎjy'nɛr]
billionaire	(en) miljardär	[miʎja:'dɛr]
owner, proprietor	(en) ägare	['ɛgarɛ]
landowner	(en) markägare	['mar'kɛgarɛ]

client	(en) kund	[kund]
regular client	(en) stamkund	['stamkund]
buyer (customer)	(en) köpare	['ɕøparɛ]
visitor	(en) besökare	[be'søkarɛ]

professional (n)	(ett) proffs	[prɔffs]
expert	(en) expert	[ɛks'pɛrt]
specialist	(en) specialist	[spesia'list]

banker	(en) bankir	[ba'ŋkir]
broker	(en) mäklare	['mɛklarɛ]

cashier	(en) kassör	[kas'sør]
accountant	(en) bokförare	['bukførarɛ]
security guard	(en) vakt	[vakt]

investor	(en) investerare	[inwes'tɛrarɛ]
debtor	(en) gäldenär	[jəʎde'nɛr]
creditor	(en) borgenär	[bɔrje'nɛr]
borrower	(en) låntagare	['lɔ:ntagarɛ]

importer	(en) importör	[impɔ:'tør]
exporter	(en) exportör	[ɛkspɔr'tør]

manufacturer	(en) producent	[prudy'sent]
distributor	(en) distributör	[distriby'tør]
middleman	(en) förmedlare	[fø:'medlarɛ]

consultant	(en) konsulent	[kɔnsu'lent]
representative	(en) representant	[represen'tant]
agent	(en) agent	[a'gent]
insurance agent	(en) försäkringsagent	[fø:'ʃɛkriŋsa'gent]

106. Service professions

cook	(en) kock	[kɔkk]
chef	(en) kökschef	[ɕøks'ʃəf]
baker	(en) bagare	['bagarɛ]
barman	(en) bartender	['bartendɛr]

| waiter | (en) servitör | [sɛrwi'tør] |
| waitress | (en) servitris | [sɛrwit'ris] |

lawyer, barrister	(en) advokat	[advu'kat]
lawyer (legal expert)	(en) jurist	[ju'rist]
notary	(en) notarius publicus	[nu'tarius 'pyblikys]

electrician	(en) elektriker	[ɛ'lektrikɛr]
plumber	(en) rörmokare	[rør'mɔkarɛ]
carpenter	(en) timmerman	['timmɛrman]

masseur	(en) massör	[mas'sør]
masseuse	(en) massös	[mas'søs]
doctor	(en) läkare	['lekarɛ]

taxi driver	(en) taxichaufför	['taksiʃɔffør]
driver	(en) chaufför	[ʃɔf'før]
delivery man	(en) bud	[byd]

chambermaid	(en) städerska	['stɛdɛ:ʃka]
security guard	(en) vakt	[vakt]
stewardess	(en) flygvärdinna	['flygvɛ:diŋa]

teacher (in primary school)	(en) lärare	['lɛrarɛ]
librarian	(en) bibliotekarie	[bibliute'karie]
translator	(en) översättare	[øvɛ:'ʃɛttarɛ]
interpreter	(en) tolk	[tɔʌk]
guide	(en) guide	[gajd]

hairdresser	(en) frisör	[fri'sør]
postman	(en) brevbärare	['brevbɛrarɛ]
shop assistant (masc.)	(en) expedit	[ɛkspe'dit]

gardener	(en) trädgårdsmästare	['trɛgɔ:dsmɛʃtarɛ]
servant (in household)	(en) tjänare	['ɕenarɛ]
maid	(ett) hembiträde	['hɛmbitredɛ]
cleaner (cleaning lady)	(en) städerska	['stɛdɛ:ʃka]

107. Military professions and ranks

private	(en) menig	['menigʲ]
sergeant	(en) sergeant	[sɛr'ʃʌnt]
lieutenant	(en) löjtnant	['løjtnant]
captain	(en) kapten	[kap'ten]

major	(en) major	[ma'jur]
colonel	(en) överste	[øvɛ:ʃtɛ]
general	(en) general	[jenɛ'raʌ]
marshal	(en) marskalk	['ma:ʃʌʌk]
admiral	(en) amiral	[ami'raʌ]

military man	(en) militär	[mili'tɛr]
soldier	(en) soldat	[suʌ'dat]
officer	(en) officer	[ɔffi'sɛr]

commander	(en) chef	[ʃɛf]
border guard	(en) gränsvakt	[ˈgrɛnsvakt]
radio operator	(en) radiotelegrafist	[ˈradiu telegraˈfist]
scout (searcher)	(en) spanare	[ˈspanarɛ]
pioneer (sapper)	(en) pionjär	[piuˈɲɪær]
marksman	(en) skytt	[ˈʃyt]
navigator	(en) styrman	[ˈstyman]

108. Officials. Priests

king	(en) kung	[kuŋ]
queen	(en) drottning	[ˈdrɔttniŋ]
prince	(en) prins	[prins]
princess	(en) prinsessa	[prinˈsessa]
tsar, czar	(en) tsar	[tsar]
czarina	(en) tsarinna	[ˈtsariŋa]
president	(en) president	[presiˈdent]
Minister	(en) minister	[miˈnistɛr]
prime minister	(en) statsminister	[ˈstatsministɛr]
senator	(en) senator	[seˈnatur]
diplomat	(en) diplomat	[dipluˈmat]
consul	(en) konsul	[ˈkɔnsuʎ]
ambassador	(en) ambassadör	[ambasaˈdør]
advisor (military ~)	(en) rådgivare	[ˈrɔːdˈjivarɛ]
official (civil servant)	(en) tjänsteman	[ˈɕensteˈman]
prefect	(en) prefekt	[preˈfekt]
mayor	(en) borgmästare	[ˈbɔrjˈmɛstarɛ]
judge	(en) domare	[ˈdumarɛ]
prosecutor	(en) åklagare	[ˈɔːkˈlagarɛ]
missionary	(en) missionär	[miʃuˈnɛr]
monk	(en) munk	[muŋk]
abbot	(en) abbé	[abˈbe]
rabbi	(en) rabbin	[rabˈbin]
vizier	(en) vesir	[weˈsyr]
shah	(en) schah	[ʃʌh]
sheikh	(en) schejk	[ʃəjk]

109. Agricultural professions

beekeeper	(en) biodlare	[ˈbiudlarɛ]
herdsman	(en) herde	[ˈhɛrdɛ]
agronomist	(en) agronom	[agruˈnɔm]
cattle breeder	(en) boskapsskötare	[ˈbuskapsʃɔtarɛ]
veterinary surgeon	(en) veterinär	[wetɛriˈnɛr]

farmer	(en) lantbrukare	['lantb'rykarɛ]
winemaker	(en) vinodlare	['winudlarɛ]
zoologist	(en) zoolog	[sɔː'lɔg]
cowboy	(en) cowboy	['kaubɔj]

110. Art professions

actor	(en) skådespelare	['skɔːdespelarɛ]
actress	(en) skådespelerska	['skɔːdespele:ʃka]

singer (masc.)	(en) sångare	['sɔːŋarɛ]
singer (fem.)	(en) sångerska	['sɔːŋe:ʃka]

dancer (masc.)	(en) dansör	[dan'sør]
dancer (fem.)	(en) dansös	[dan'søs]

performing artist (masc.)	(en) skådespelare	['skɔːdespelarɛ]
performing artist (fem.)	(en) skådespelerska	['skɔːdespele:ʃka]

musician	(en) musikant	[mysi'kant]
pianist	(en) pianist	[pia'nist]
guitar player	(en) gitarrspelare	[ʝɪ'tarrʃpelarɛ]

conductor (of musicians)	(en) dirigent	[diri'gent]
composer	(en) kompositör	[kɔmpusi'tør]
impresario	(en) impressario	[impres'sariu]

film director	(en) regissör	[reʃis'sør]
producer	(en) producent	[prudy'sent]
scriptwriter	(en) manusförfattare	['manys fø:'fattarɛ]
critic	(en) kritiker	['kritikɛr]

writer	(en) författare	[fø:'fattarɛ]
poet	(en) poet	[pu'et]
sculptor	(en) skulptör	[skuʌp'tør]
artist (painter)	(en) konstnär	[kɔnst'nɛr]

juggler	(en) jonglör	['ʒøng'lør]
clown	(en) clown	['klaun]
acrobat	(en) akrobat	[akru'bat]
magician	(en) trollkarl	['trɔʌkar]

111. Various professions

doctor	(en) läkare	['lekarɛ]
nurse	(en) sjuksköterska	['ʃykʃote:ʃka]
psychiatrist	(en) psykiater	[siki'atɛr]
stomatologist	(en) tandläkare	['tand 'lekarɛ]
surgeon	(en) kirurg	[ɕi'rurgʲ]

astronaut	(en) astronaut	[astrɔ'naut]
astronomer	(en) astronom	[astru'nɔm]

driver (of taxi, etc.)	(en) förare	['førarɛ]
train driver	(en) lokförare	['lukførarɛ]
mechanic	(en) mekaniker	[me'kanikɛr]
miner	(en) gruvarbetare	['gryvarbetarɛ]
worker	(en) arbetare	['arbetarɛ]
metalworker	(en) låssmed	['lɔːssmed]
carpenter	(en) snickare	['snikkarɛ]
turner	(en) svarvare	['svarvarɛ]
building worker	(en) byggarbetare	['byggar'betarɛ]
welder	(en) svetsare	['swetsarɛ]
professor (title)	(en) professor	[prɔ'fessɔr]
architect	(en) arkitekt	[arʃi'tɛkt]
historian	(en) historiker	[his'turikɛr]
scientist	(en) vetenskapsman	['wetɛnskaps'man]
physicist	(en) fysiker	['fysikɛr]
chemist (scientist)	(en) kemist	[çe'mist]
archaeologist	(en) arkeolog	[arkeu'lɔg]
geologist	(en) geolog	[jeu'lɔg]
researcher	(en) forskare	['fɔːʃkarɛ]
babysitter	(en) barnflicka	['barnf'likka]
teacher, educator	(en) pedagog	[peda'gɔg]
editor	(en) redaktör	[redak'tør]
editor-in-chief	(en) chefredaktör	['ʃɛf redak'tør]
correspondent	(en) korrespondent	[kɔrrespɔn'dent]
typist (fem.)	(en) maskinskriverska	[ma'ʃinsk'riwe:ʃka]
designer	(en) formgivare	['form'jivarɛ]
computer expert	(en) dataexpert	['data ɛks'pɛːt]
programmer	(en) programmerare	[prɔgram'mɛrarɛ]
engineer (designer)	(en) ingenjör	[inhe'njor]
sailor	(en) sjöman	['ʃoman]
seaman	(en) matros	[mat'rus]
rescuer	(en) räddare	['rɛddarɛ]
firefighter	(en) brandman	['brandman]
policeman	(en) polis	[pu'lis]
watchman	(en) väktare	['vɛktarɛ]
detective	(en) detektiv	[detek'tiv]
customs officer	(en) tulltjänsteman	['tylçenste'man]
bodyguard	(en) livvakt	['livvakt]
prison officer	(en) fångvaktare	['fɔːŋ'vaktarɛ]
inspector	(en) inspektör	[inspek'tør]
sportsman	(en) idrottsman	['idrɔtts'man]
trainer, coach	(en) tränare	['trɛnarɛ]
butcher	(en) slaktare	['slaktarɛ]
cobbler	(en) skomakare	['sku 'makarɛ]
merchant	(en) handelsman	['handeʎs'man]
loader (person)	(en) lastare	['lastarɛ]

| fashion designer | (en) modeskapare | ['mudɛs'kapaɾɛ] |
| model (fem.) | (en) modell, mannekäng | [mu'deʎ], ['maŋekɛŋ] |

112. Occupations. Social status

| schoolboy | (ett) skolbarn | [skuʎ'barn] |
| student (college ~) | (en) student | [stu'dent] |

philosopher	(en) filosof	[filu'sɔf]
economist	(en) ekonom	[ɛku'nɔm]
inventor	(en) uppfinnare	['up'fiŋaɾɛ]

unemployed (n)	(en) arbetslös	['arbetsløs]
pensioner	(en) pensionär	[penʃu'nɛr]
spy, secret agent	(en) spion	[spi'un]

prisoner	(en) fånge	['fɔ:ŋe]
striker	(en) strejkande	['strɛjkandɛ]
bureaucrat	(en) byråkrat	['byrɔ:k'rat]
traveller	(en) resenär	[rese'nɛr]

| homosexual | homosexuell | [humuseksy'eʎ] |
| hacker | (en) hackare | ['hakkaɾɛ] |

bandit	(en) bandit	[ban'dit]
hit man, killer	(en) legomördare	['legumø:daɾɛ]
drug addict	(en) narkoman	[narku'man]
drug dealer	(en) langare	['laŋaɾɛ]
prostitute (fem.)	(en) prostituerad	[prɔstitu'ɛrad]
pimp	(en) hallik	['halik]

sorcerer	(en) trollkarl	['trɔʎkar]
sorceress	(en) trollkvinna	['trɔʎkwiŋa]
pirate	(en) pirat	[pi'rat]
slave	(en) slav	[slav]
samurai	(en) samuraj	[samy'raj]
savage (primitive)	(en) vilde	['wiʎdɛ]

Sports

113. Kinds of sports. Sportspersons

sportsman	(en) idrottsman	['idrɔtts'man]
kind of sport	(en) typ av idrott	[tip av 'idrɔt]
basketball	(en) basket	['basket]
basketball player	(en) basketspelare	['basket 'spelarɛ]
baseball	(en) baseboll	['bejsbɔʎ]
baseball player	(en) basebollspelare	['bejsbɔʎ 'spelarɛ]
football	(en) fotboll	['futbɔʎ]
football player	(en) fotbollsspelare	['futbɔʎ 'spelarɛ]
goalkeeper	(en) målvakt	['mɔ:ʎvakt]
ice hockey	(en) ishockey	['ishɔkki]
ice hockey player	(en) ishockeyspelare	['ishɔkki 'spelarɛ]
volleyball	(en) volleyboll	['vɔllibɔʎ]
volleyball player	(en) volleybollspelare	['vɔllibɔʎ 'spelarɛ]
boxing	(en) boxning	['buksniŋ]
boxer	(en) boxare	['buksarɛ]
wrestling	(en) brottning	['brɔttniŋ]
wrestler	(en) brottare	['brɔttarɛ]
karate	(en) karate	[ka'ratɛ]
karate fighter	(en) karateutövare	[ka'ratɛ u'tøvarɛ]
judo	(en) judo	['judɔ]
judo athlete	(en) judobrottare	['judɔ 'brɔttarɛ]
tennis	(en) tennis	['teɲis]
tennis player	(en) tennisspelare	['teɲis 'spelarɛ]
swimming	(en) simma	['simma]
swimmer	(en) simmare	['simmarɛ]
fencing	(en) fäktning	['fɛktniŋ]
fencer	(en) fäktare	['fɛktarɛ]
chess	(ett) schack	[ʃʌkk]
chess player	(en) schackspelare	['ʃʌks'pelarɛ]
alpinism	(en) alpinism	['aʎpi'nizm]
alpinist	(en) alpinist	['aʎpi'nist]
running	(en) löpning	['løpniŋ]

runner	(en) löpare	['løparɛ]
athletics	(en) friidrott	['fri:drɔt]
athlete	(en) atlet	[at'let]

| horse riding | (en) ridsport | ['ridspɔ:t] |
| horse rider | (en) ryttare | ['ryttarɛ] |

figure skating	(en) konståkning	['kɔnstɔ:kniŋ]
figure skater (masc.)	(en) konståkare	['kɔnstɔ:karɛ]
figure skater (fem.)	(en) konståkerska	['kɔnstɔ:ke:ʃka]

weightlifting	(en) tyngdlyftning	['tyŋdlyftniŋ]
car racing	(en) racertävling	['rejstɛvliŋ]
racing driver	(en) racerförare	['rejsførarɛ]

| cycling | (en) cykelsport | ['sykeʌs'pɔ:t] |
| cyclist | (en) cyklist | [syk'list] |

long jump	(ett) längdhopp	['lɛŋdhɔp]
pole vaulting	(ett) stavhopp	['stavhɔp]
jumper	(en) hoppare	['hɔparɛ]

114. Kinds of sports. Miscellaneous

American football	(en) amerikansk fotboll	[amɛri'kansk 'futbɔʌ]
badminton	(en) badminton	['bɛdmintɔn]
biathlon	(ett) skidskytte	['ʃid'ʃyttɛ]
billiards	(en) biljard	[bi'ʌja:d]

bobsleigh	(en) bobsleigh	[bɔbs'lej]
bodybuilding	(ett) kroppsbyggande	['krɔpsbyggandɛ]
water polo	(ett) vattenpolo	['vattɛn'pulu]
handball	(en) handboll	['handbɔʌ]
golf	(en) golf	[gɔʌf]

rowing	(en) rodd	[rud]
diving	(en) dykning	['dykniŋ]
cross-country skiing	(en) skidlöpning	['ʃidløppniŋ]
ping-pong	(en) bordtennis	['bu:d'teŋis]

sailing	(en) segelsport	['segeʌs'pɔ:t]
rally	(ett) rally	['rali]
rugby	(en) rugby	['ragbi]
snowboarding	(en) snowboard	['snɔubɔ:d]
archery	(ett) bågskjutning	['bɔ:gʃyttniŋ]

115. Gym

barbell	(en) skivstång	['ʃivstɔ:ŋ]
dumbbells	hantlar	[hant'lar]
training machine	(en) träningsmaskin	['trɛniŋmaʃyn]
bicycle trainer	(en) cykel träningsmaskin	['sykeʌ 'trɛniŋsmaʃin]

treadmill	(ett) löpband	[løp'band]
horizontal bar	(ett) räcke	['rɛkke]
parallel bars	(en) barr	[barr]
vaulting horse	(en) bock	[bɔk]
mat (in gym)	(en) matta	['matta]

| aerobics | (en) gymping | ['ʒympiŋ] |
| yoga | (en) yoga | ['joga] |

116. Sports. Miscellaneous

Olympic Games	Olympiska spel	[u'limpiska 'speʎ]
winner	(en) segrare	['segrarɛ]
to be winning	att segra	[at 'segra]
to win (vi)	att vinna	[at 'wiŋa]

| leader | (en) ledare | ['ledarɛ] |
| to lead (vi) | att leda | [at 'leda] |

first place	(ett) första pris	['fø:ʃta pris]
second place	(ett) andra pris	['andra pris]
third place	(ett) tredje pris	['tredje pris]

medal	(en) medalj	[me'daʎj]
trophy	(en) trofé	['trufe]
prize cup (trophy)	(en) cup	[kup]
prize (in game)	(ett) pris	[pris]
main prize	(ett) huvud pris	['hywyd pris]

| record | (ett) rekord | [re'kɔ:d] |
| to set a record | att sätta ett nytt rekord | [at 'sɛtta ɛt nyt re'kɔ:d] |

| final | (en) final | [fi'naʎ] |
| final (adj) | final- | [fi'naʎ] |

| champion | (en) champion | ['ʃʌmpiɔn] |
| championship | (ett) mästerskap | ['mɛstɛʃkap] |

stadium	(ett) stadion	['stadiɔn]
stand (at stadium)	(en) läktare	['lɛktarɛ]
fan, supporter	(en) supporter	[su'pɔ:tɛr]
opponent, rival	(en) motståndare	['muʈ'tɔ:ndarɛ]

| start | (en) start | [start] |
| finish line | (ett) mål | [mɔ:ʎ] |

| defeat | (en) förlust | [fø:'lyst] |
| to lose (not win) | att förlora | [at fø:'lura] |

referee	(en) domare	['dumarɛ]
judges	(en) jury	['juri]
score	(en) ställning	['stɛʎniŋ]
draw	(ett) oavgjort	['uavʰjurt]
to draw (vi)	att spela oavgjort	[at 'spela 'uavʰjurt]

| point | (en) poäng | [puˈɛŋ] |
| result (final score) | (ett) resultat | [resyʎˈtat] |

half-time	(en) halvtid	[ˈhaʎvtid]
doping	(en) dopning	[ˈdɔpniŋ]
to penalise (vt)	att bestraffa	[at bestˈrafːa]
to disqualify (vt)	att diskvalificera	[at diskvalifiˈsɛra]

apparatus	(ett) redskap	[ˈredskap]
javelin	(en) spjutkastning	[ˈspjytkastniŋ]
shot put ball	(en) kula	[ˈkyla]
ball (snooker, etc.)	(en) biljardboll	[biˈʎjaːd bɔʎ]

aim (target)	(en) måltavla	[ˈmɔːʎˈtavla]
target	(en) måltavla	[ˈmɔːʎˈtavla]
to shoot (vi)	att skjuta	[at ˈʃyta]
precise (~ shot)	fullträff	[ˈfyʎtrɛf]

trainer, coach	(en) tränare	[ˈtrɛnarɛ]
to train (sb)	att träna	[at ˈtrɛna]
to train (vi)	att träna	[at ˈtrɛna]
training	(en) träning	[ˈtrɛniŋ]

gym	(en) idrottshall	[ˈidrɔtːsˈhaʎ]
exercise (physical)	(en) idrottsövning	[idˈrɔtˈtsɛvniŋ]
warm-up (of athlete)	(en) uppmjukning	[ˈupˈmjykniŋ]

107

Education

117. School

school	(en) skola	['skulɑ]
headmaster	(en) rektor	['rektur]
pupil (boy)	(en) elev	[ɛ'lev]
pupil (girl)	(en) elev	[ɛ'lev]
schoolboy	(ett) skolbarn	[skuʎ'bɑrn]
schoolgirl	(en) skolflicka	['skuʎflikkɑ]
to teach (sb)	att at lära ut, undervisa	[ɑt 'lɛrɑ jut], ['undɛ:wisɑ]
to learn (language, etc.)	att lära sig	[ɑt 'lɛrɑ sɛj]
to learn by heart	att lära sig utantill	[ɑt 'lɛrɑ sɛj 'jutɑn'tiʎ]
to study (work to learn)	att lära sig	[ɑt 'lɛrɑ sɛj]
to be at school	att gå i skolan	[ɑt gɔ: i 'skulɑn]
to go to school	att gå till skolan	[ɑt gɔ: tiʎ 'skulɑn]
alphabet	(ett) alfabet	['ɑʎfɑbɛt]
subject (at school)	(ett) ämne	['ɛmnɛ]
classroom	(en) klass	[klɑss]
lesson	(en) lektion	[lek'ʃun]
school bell	(en) skolklocka	[skuʎk'lɔkkɑ]
desk (for pupil)	(en) skolbänk	['skuʎbɛŋk]
blackboard	(en) tavla	['tɑvlɑ]
mark	(ett) betyg	[be'tyg]
good mark	(ett) bra betyg	[brɑ be'tyg]
bad mark	(ett) dåligt betyg	['dɔ:lit be'tyg]
to give a mark	att betygsätta	[ɑt be'tygsɛttɑ]
mistake	(ett) misstag	['misstɑg]
to make mistakes	att göra misstag	[ɑt 'jorɑ 'miss'tɑg]
to correct (an error)	att rätta till	[ɑt rɛttɑ 'tiʎ]
crib	(en) fusklapp	['fysklɑp]
homework	(en) hemläxa	['hemlɛksɑ]
exercise (in education)	(en) uppgift, övning	['up'jɪft], ['ɛvniŋ]
to be present	att vara närvarande	[ɑt 'vɑrɑ 'nɛrvɑrɑndɛ]
to be absent	att vara frånvarande	[ɑt 'vɑrɑ 'frɔ:nvɑrɑndɛ]
to punish (vt)	att straffa	[ɑt 'strɑffɑ]
punishment	(en) straff	[strɑf]
conduct (behaviour)	(ett) uppförande	['upførɑndɛ]
school report	(ett) omdöme	[um'dømɛ]
pencil	(en) blyertspenna	['blyɛrts 'peŋɑ]

rubber	(ett) suddgummi	['sydd'gummi]
chalk	(en) krita	['krita]
pencil case	(ett) pennfodral	['penfud'raʎ]

schoolbag	(en) portfölj	['pɔ:tføj]
pen	(en) penna	['peŋa]
exercise book	(en) övningsbok	['ɛvniŋsbuk]
textbook	(en) lärobok	['lɛrubuk]
compasses	(en) passare	['passarɛ]
to draw (a blueprint, etc.)	att rita	[at 'rita]
technical drawing	(en) ritning	['ritniŋ]

poem	(en) dikt	[dikt]
by heart (adv)	utantill	['jutan'tiʎ]
to learn by heart	att lära sig utantill	[at 'lɛra sɛj 'jutan'tiʎ]

school holidays	(ett) lov	[lɔv]
to be on holiday	att ha lov	[at ha 'lɔv]

test (at school)	(ett) prov	[pruv]
essay (composition)	(en) uppsats	['upsats]
dictation	(en) diktamen	[dik'tamen]
exam	(en) examen	[ɛk'samen]
to take an exam	att ta en examen	[at ta ɛn ɛk'samen]
experiment (chemical ~)	(ett) försök	['fø:'ʃɔk]

118. College. University

academy	(en) akademi	[akade'mi]
university	(ett) universitet	[univɛ:ʃi'tet]
faculty (section)	(en) fakultet	[fakyʎ'tet]

student (masc.)	(en) student	[stu'dent]
student (fem.)	(en) student	[stu'dent]
lecturer (teacher)	(en) lärare	['lɛrarɛ]

lecture hall, room	(en) hörsal	['hø:ʃʌʎ]
graduate	(en) student	[stu'dent]
diploma	(ett) diplom	[dip'lɔm]
dissertation	(en) avhandling	['av'handliŋ]
study (report)	(en) forskning	['fɔ:ʃkniŋ]
laboratory	(ett) laboratorium	[labura'turium]

lecture	(en) föreläsning	[føre'lɛsniŋ]
course mate	(en) klasskompis	['klasskɔmpis]
scholarship	(ett) stipendium	[sti'pɛndium]
academic degree	(en) grad	[grad]

119. Sciences. Disciplines

mathematics	(en) matematik	[matema'tik]
algebra	(en) algebra	['aʎgebra]

geometry	(en) geometri	[jeɔmet'ri]
astronomy	(en) astronomi	[astrunɔ'mi]
biology	(en) biologi	[biɔlɔ'gi]
geography	(en) geografi	[jeugra'fi]
geology	(en) geologi	[jeulɔ'gi]
history	(en) historia	[his'turija]

medicine	(en) medicin	[medi'sin]
pedagogy	(en) pedagogik	[pedagɔ'gik]
law	(en) rättvetenskap	['rɛttwetenskap]

physics	(en) fysik	[fy'zik]
chemistry	(en) kemi	[ɕe'mi]
philosophy	(en) filosofi	[filusɔ'fi]
psychology	(en) psykologi	[sikulɔ'gi]

120. Writing system. Orthography

grammar	(en) grammatik	[gramma'tik]
vocabulary	(ett) ordförråd	['u:dførrɔ:d]
phonetics	(en) fonetik	[fone'tik]

noun	(ett) substantiv	['sybstantiv]
adjective	(ett) adjektiv	['adʰektiv]
verb	(ett) verb	[vɛrb]
adverb	(ett) adverb	[ad'vɛrb]

pronoun	(ett) pronomen	[pru'numen]
interjection	(en) interjektion	[intɛrʰek'ʃun]
preposition	(en) preposition	[prepusi'ʃun]

root	(ett) ursprung	['ju:ʃpruŋ]
ending	(en) ändelse	['ɛndeʌsɛ]
prefix	(ett) prefix	[pre'fiks]
syllable	(en) stavelse	['staweʌsɛ]
suffix	(ett) suffix	[suf'fiks]

stress mark	(en) betoning	[be'tuniŋ]
apostrophe	(en) apostrof	[apust'rɔf]

full stop	(en) punkt	[puŋkt]
comma	(ett) komma	['kɔmma]
semicolon	(ett) semikolon	['semiku'lɔn]
colon	(ett) kolon	[ku'lɔn]
ellipsis	(en) ellips	[ɛ'lips]

question mark	(ett) frågetecken	['frɔ:getekken]
exclamation mark	(ett) utropstecken	['jutrups'tekken]

inverted commas	(ett) citationstecken	[sita'ʃuns'tekken]
in inverted commas	inom citationstecken	['inɔm sita'ʃuns'tekken]
parenthesis	(en) parentes	[paren'tes]
in parenthesis	inom parentes	['inɔm paren'tes]
hyphen	(ett) bindestreck	['bindest'rek]

| dash | (ett) tankstreck | ['taŋkst'rek] |
| space (between words) | (ett) mellanrum | ['melanrum] |

| letter | (en) bokstav | ['bukstav] |
| capital letter | (en) stor bokstav | [stur 'bukstav] |

| vowel (n) | (en) vokal | [vu'kaʎ] |
| consonant (n) | (en) konsonant | [kɔnsu'nant] |

sentence	(en) mening	['meniŋ]
subject	(ett) subjekt	[su'bjekt]
predicate	(ett) predikat	[predi'kat]

line	(en) rad	[rad]
on a new line	på ny rad	[pɔ: ny 'rad]
paragraph	(ett) stycke	['stykke]

word	(ett) ord	[u:d]
word group	(en) ordkombination	['u:dkɔmbina'ʃun]
expression	(ett) uttryck	['juttryk]
synonym	(en) synonym	[sinu'nim]
antonym	(en) motsats	['mutsats]

rule	(en) regel	['regeʎ]
exception	(ett) undantag	['undantag]
correct (adj)	riktig	['riktigʲ]

conjugation	(en) konjugation	[kɔnʲjuga'ʃun]
declension	(en) böjning	['bøjniŋ]
nominal case	(ett) kasus	['kasys]
question	(en) fråga	['frɔ:ga]
to underline (vt)	att understryka	[at 'undɛ:ʃt'rykka]
dotted line	(en) pricklinje	['priklinje]

121. Foreign languages

language	(ett) språk	[sprɔ:k]
foreign language	(ett) främmande språk	['frɛmmande sprɔ:k]
to study (vt)	att läsa	[at 'lɛsa]
to learn (language, etc.)	att lära sig	[at 'lɛra sɛj]

to read (vi, vt)	att läsa	[at 'lɛsa]
to speak (vi, vt)	att prata	[at 'prata]
to understand (vt)	att förstå	[at 'fø:ʃtɔ:]
to write (vt)	att skriva	[at 'skriva]

fast (adv)	fort	[furt]
slowly (adv)	långsamt	['lɔ:ŋsamt]
fluently (adv)	fritt	[frit]

rules	regler	['reglɛr]
grammar	(en) grammatik	[gramma'tik]
vocabulary	(ett) ordförråd	['u:dførrɔ:d]
phonetics	(en) fonetik	[fɔne'tik]

111

textbook	(en) lärobok	['lɛrubuk]
dictionary	(en) ordbok	['u:dbuk]
teach-yourself book	(en) självinstruerande lärobok	['ʃɛʎv instry'ɛrande 'lɛrubuk]
phrasebook	(en) parlör	[par'lør]

cassette	(en) kassett	[kas'sɛt]
videotape	(en) videokassett	['wideukas'sɛt]
CD, compact disc	(en) CD-skiva	['sede 'ʃiva]
DVD	(en) DVD	[dewe'de]

alphabet	(ett) alfabet	['aʎfabɛt]
to spell (vt)	att stava	[at 'stava]
pronunciation	(ett) uttal	['juttaʎ]

accent	(en) brytning	['brytniŋ]
with an accent	med brytning	[me 'brytniŋ]
without an accent	utan brytning	['jutan 'brytniŋ]

word	(ett) ord	[u:d]
meaning	(en) betydelse	[be'tydeʎsɛ]

course (e.g. a French ~)	(en) kurs	[ku:ʃ]
to sign up	att anmäla sig	[at an'mɛla sɛj]
teacher	(en) lärare	['lɛrarɛ]

translation (process)	(en) översättning	[øvɛ:'ʃɛttniŋ]
translation (text, etc.)	(en) översättning	[øvɛ:'ʃɛttniŋ]
translator	(en) översättare	[øvɛ:'ʃɛttarɛ]
interpreter	(en) tolk	[tɔʎk]

polyglot	(en) polyglott	[pulig'lɔt]
memory	(ett) minne	['miŋɛ]

122. Fairy tale characters

Santa Claus	Santa Claus	['santa 'klaus]
mermaid	(en) havsfru	['havsfry]

magician, wizard	(en) trollkarl	['trɔʎkar]
good witch	(en) trollkvinna	['trɔʎkwiŋa]
magic (adj)	magisk	['magisk]
magic wand	(ett) trollspö	['trɔʎspø]

fairy tale	(en) saga	['saga]
miracle	(ett) mirakel	[mi'rakeʎ]
dwarf	(en) tomte	['tɔmtɛ]
to turn into ...	att omvandlas till ...	[at 'ɔmvandlas tiʎ]

ghost	(ett) spöke	['spøke]
phantom	(en) vålnad	['vɔ:ʎnad]
monster	(ett) odjur	['ujur]
dragon	(en) drake	['drake]
giant	(en) jätte	['jɘttɛ]

123. Zodiac Signs

Aries	**Väduren**	['vɛdyren]
Taurus	**Oxen**	['uksen]
Gemini	**Tvillingarna**	['twiliŋarna]
Cancer	**Kräftan**	['krɛftan]
Leo	**Lejonet**	['lejonet]
Virgo	**Jungfrun**	['juɲfryn]
Libra	**Vågen**	['vɔːgen]
Scorpio	**Skorpionen**	[skɔrpi'unɛn]
Sagittarius	**Skytten**	['ʃytten]
Capricorn	**Stenbocken**	['stenbukken]
Aquarius	**Vattumannen**	['vatty'maŋɛn]
Pisces	**Fiskarna**	['fiskarna]
character	**(en) karaktär**	[karak'tɛr]
features of character	**(ett) karaktärsdrag**	[karak'tɛːʃd'rag]
behaviour	**(ett) beteende**	[be'teːndɛ]
to tell fortunes	**att spå**	[at spɔː]
fortune-teller	**(en) sierska**	['sieːʃka]
horoscope	**(ett) horoskop**	[hurus'kɔp]

Arts

124. Theatre

theatre	**(en) teater**	[te'atɛr]
opera	**(en) opera**	['upɛra]
operetta	**(en) operett**	[upɛ'ret]
ballet	**(en) balett**	[ba'let]
playbill	**(en) affisch**	[af'fiʃ]
theatrical company	**(en) teatertrupp**	[te'atɛrt'rup]
tour	**(ett) gästspel**	['jestspeʎ]
to be on tour	**att vara på turné**	[at 'vara pɔ: tu'ne]
to rehearse (vi, vt)	**att repetera**	[at repe'tɛra]
rehearsal	**(en) repetition**	[repeti'ʃun]
repertoire	**(en) repertoar**	[repɛrtu'ar]
performance	**(en) föreställning**	[føres'tɛʎniŋ]
stage show	**(ett) uppträdande**	['uptredandɛ]
play	**(en) pjäs**	[pⁱæs]
ticket	**(en) biljett**	[bi'ʎjet]
Box office	**(en) biljettkassa**	[bi'ʎjet'kassa]
lobby, foyer	**(en) hall**	[haʎ]
coat check	**(en) garderob**	[gardɛ'rɔb]
cloakroom ticket	**(en) nummerbricka**	['nymmɛrbrikka]
binoculars	**(en) kikare**	['ɕikarɛ]
usher	**(en) platsanvisare**	['pʎats an'wisarɛ]
stalls	**(en) parkett**	[par'ket]
balcony	**(en) balkong**	[bal'kɔŋ]
dress circle	**(en) första raden**	['føːʃta 'raden]
box	**(en) loge**	['lɔgɛ]
row	**(en) rad**	[rad]
seat	**(en) plats**	[plats]
audience	**(en) publik**	[pyb'lik]
spectator	**(en) åskådare**	['ɔːsˈkɔːdarɛ]
to clap (vi, vt)	**att klappa händerna**	[at 'klapa 'hɛndɛrna]
applause	**(en) applåd**	[ap'lɔːd]
ovation	**(ett) bifall**	['bifaʎ]
stage	**(en) scen**	[sen]
curtain	**(en) ridå**	[ri'dɔ:]
scenery	**(en) dekor**	[de'kɔr]
backstage	**kulisser**	[ky'lissɛr]
scene (e.g. the last ~)	**(en) scen**	[sen]
act	**(en) akt**	[akt]
interval	**(en) mellanakt**	['melanakt]

125. Cinema

actor	(en) skådespelare	['skɔ:despelarɛ]
actress	(en) skådespelerska	['skɔ:despele:ʃka]

cinema (industry)	(en) bio	['biu]
film	(en) film	[fiʌm]
episode	(en) del	[dɛʌ]

detective	(en) kriminalfilm	[krimi'naʌ 'fiʌm]
action film	(en) actionfilm	['ɛkʃən 'fiʌm]
adventure film	(en) äventyrsfilm	[ɛwen'tyʃ 'fiʌm]
science fiction film	science fiction film	['saens 'fikʃən 'fiʌm]
horror film	(en) rysare	['rysarɛ]

comedy film	(en) filmkomedi	['fiʌmkume'di]
melodrama	(en) melodram	[melɔd'ram]
drama	(ett) drama	['drama]

fictional film	(en) spelfilm	['speʌ 'fiʌm]
documentary	(en) dokumentärfilm	[dukymen'tɛr 'fiʌm]
cartoon	(en) tecknad film	['teknad 'fiʌm]
silent films	(en) stumfilm	['stum 'fiʌm]

role	(en) roll	[rɔʌ]
leading role	(en) huvudroll	['hywyd rɔʌ]
to play (vi, vt)	att spela	[at 'spela]

film star	(en) filmstjärna	['fiʌm'ʃɛrna]
well-known (adj)	välkänd	[vɛʌ'ʃɛnd]
famous (adj)	berömd	[bɛ'rømd]
popular (adj)	populär	[pupy'lɛr]

script (screenplay)	(ett) manus	['manys]
scriptwriter	(en) manusförfattare	['manys fø:'fattarɛ]
film director	(en) regissör	[reʃis'sør]
producer	(en) producent	[prudy'sent]
assistant	(en) assistent	[assis'tent]
cameraman	(en) kameraman	['kamɛraman]
stuntman	(en) stuntman	['stuntman]

to shoot a film	att filma	[at 'fiʌma]
audition, screen test	(en) provspelning	['pruvspeʌniŋ]
shooting	(en) inspelning	['ins'peʌniŋ]
film crew	(en) inspelningsgrupp	['ins'peʌniŋsgrup]
film set	(en) filmset	['fiʌmsɛt]
camera	(en) filmkamera	['fiʌm'kamɛra]

cinema	(en) biograf	[biug'raf]
screen (e.g. big ~)	(en) duk	[dyk]
to show a film	att visa en film	[at 'wisa ɛn fiʌm]

soundtrack	(ett) ljudspår	['judspɔ:r]
special effects	specialeffekter	[spesi'aʌ ɛf'fɛktɛr]
subtitles	(en) undertext	['undɛ:tekst]

credits	sluttexter	['slyttɛkstɛr]
translation	(en) översättning	[øvɛːˈʃɛttnɪŋ]

126. Painting

art	(en) konst	[kɔnst]
fine arts	de sköna konsterna	[dɔm ˈʃøna ˈkɔnstɛrna]
art gallery	(ett) galleri	[galleˈri]
art exhibition	(en) konst utställning	[kɔnst ˈjuʦˈtɛʎnɪŋ]

painting	(ett) måleri	[mɔːlɛˈri]
graphic art	(en) grafik	[graˈfik]
abstract art	(en) abstrakt konst	[abstˈrakt kɔnst]
impressionism	(en) impressionism	[impreʃuˈnism]

picture (painting)	(en) tavla	[ˈtavla]
drawing	(en) ritning	[ˈritnɪŋ]
poster	(ett) anslag	[ˈanslag]

illustration (picture)	(en) illustration	[ilystraˈʃun]
miniature	(en) miniatyr	[miniaˈtyr]
copy (of painting, etc.)	(en) kopia	[ˈkupiˈja]
reproduction	(en) reproduktion	[reprɔdukˈʃun]

mosaic	(en) mosaik	[musaˈik]
stained glass	(en) glasmålning	[ˈglasmɔːʎnɪŋ]
fresco	(en) fresk	[fresk]
engraving	(en) gravyr	[graˈvyr]

bust (sculpture)	(en) byst	[ˈbyst]
sculpture	(en) skulptur	[skuʎpˈtyr]
statue	(en) staty	[staˈty]
plaster of Paris	(en) gips	[jɪps]
plaster (as adj)	gips-	[jɪps]

portrait	(en) porträtt	[pɔːtˈrɛt]
self-portrait	(en) självporträtt	[ˈʃɛʎv pɔːtˈrɛt]
landscape	(en) landskapsmålning	[ˈlanskapsˈmɔːʎnɪŋ]
still life	(ett) stilleben	[ˈstilleben]
caricature	(en) karikatyr	[karikaˈtyr]

paint	(en) färg	[fɛrj]
watercolour	(en) akvarell	[akvaˈreʎ]
oil (paint)	(en) olja	[ˈɔʎja]
pencil	(en) blyerts	[ˈblyɛrʦ]
Indian ink	(en) tusch	[tuʃ]
charcoal	(ett) kol	[kɔʎ]

to draw (vi, vt)	att teckna, rita	[at ˈtɛkna], [ˈrita]
to paint (vi, vt)	att måla	[at ˈmɔːla]

to pose (vi)	att posera	[at puˈsɛra]
artist's model (masc.)	(en) modell	[muˈdeʎ]
artist's model (fem.)	(en) modell	[muˈdeʎ]

artist (painter)	(en) konstnär	[konst'nɛr]
work of art	(ett) verk	[vɛrk]
masterpiece	(ett) mästerverk	['mɛstɛr'vɛrk]
workshop (of artist)	(en) ateljé	[ate'ʎje]

canvas (cloth)	(en) duk	[dyk]
easel	(ett) staffli	[stɑff'li]
palette	(en) palett	[pɑ'let]

frame (of picture, etc.)	(en) ram	[rɑm]
restoration	(en) restaurering	[restɔ'rɛriŋ]
to restore (vt)	att restaurera	[at restɔ'rɛra]

127. Literature & Poetry

literature	(en) litteratur	[littɛra'tyr]
author (writer)	(en) författare	[fø:'fattarɛ]
pseudonym	(en) pseudonym	[sydɔ'nym]

book	(en) bok	[buk]
volume	(en) volym	[vɔ'lym]
table of contents	(ett) innehåll	['iŋehɔ:ʎ]
page	(en) sida	['sida]
main character	(en) huvudperson	['hywyd pɛ:'ʃun]
autograph	(en) autograf	[atɔg'raf]

short story	(en) novell	[nɔ'vɛʎ]
story (novella)	(en) berättelse	[bɛ'rɛtɛʎsɛ]
novel	(en) roman	[ru'man]
work (writing)	(ett) verk	[vɛrk]
fable	(en) fabel	['fabeʎ]
detective novel	(en) kriminalroman	[krimi'naʎ ru'man]

poem (verse)	(en) dikt	[dikt]
poetry	(en) poesi	[puɛ'si]
poem (epic, ballad)	(ett) poem	[pu'em]
poet	(en) poet	[pu'et]

fiction	(en) skönlitteratur	[ʃɔnlittɛra'tyr]
science fiction	science fiction	['sajens 'fikʃən]
adventures	äventyr	['ɛwen'tyr]
educational literature	(en) lärobok	['lɛrubuk]
children's literature	(en) barnlitteratur	['barn littɛra'tyr]

128. Circus

circus	(en) cirkus	['sirkys]
big top (circus)	(en) resande cirkus	['resande 'sirkys]
programme	(ett) program	[prɔg'ram]
performance	(en) föreställning	[føres'tɛʎniŋ]
act (circus ~)	(ett) nummer	['nummɛr]
circus ring	(en) arena	[a'rena]

pantomime (act)	(en) pantomim	[pantɔ'mim]
clown	(en) clown	['klaun]
acrobat	(en) akrobat	[akru'bat]
acrobatics	(en) akrobatik	[akruba'tik]
gymnast	(en) gymnast	[jym'nast]
gymnastics	(en) gymnastik	[jymnas'tik]
somersault	(en) saltomortal	['saʌtumurtaʌ]
strongman	(en) atlet	[at'let]
animal-tamer	(en) djur-tämjare	['jur'tɛmjarɛ]
equestrian	(en) ryttare	['ryttarɛ]
assistant	(en) assistent	[assis'tent]
stunt	(ett) trick	[trik]
conjuring trick	(ett) trick	[trik]
conjurer, magician	(en) trollkarl	['trɔʌkar]
juggler	(en) jonglör	['ʒøng'lør]
to juggle (vi, vt)	att jonglera	[at ʒøng'lɛra]
animal trainer	(en) dressör	[dres'sør]
animal training	(en) dressyr	[dre'sy:r]
to train (animals)	att dressera	[at dres'sɛra]

129. Music. Pop music

music	(en) musik	[my'sik]
musician	(en) musiker	['mysikɛr]
musical instrument	(ett) musikinstrument	[my'sikinstru'ment]
to play ...	att spela	[at 'spela]
guitar	(en) gitarr	[jɪ'tarr]
violin	(en) fiol, violin	[fi'uʌ], [wiɔ'lin]
cello	(en) cello	['selu]
double bass	(en) kontrabas	['kɔntrabas]
harp	(en) harpa	['harpa]
piano	(ett) piano	[pianu]
grand piano	(en) flygel	['flygeʌ]
organ	(en) orgel	['ɔrjeʌ]
wind instruments	blåsinstrument	['blɔ:sinstrument]
oboe	(en) oboe	['ɔbu]
saxophone	(en) saxofon	[saksɔ'fɔn]
clarinet	(en) klarinett	[klari'net]
flute	(en) flöjt	['fløjt]
trumpet	(en) trumpet	[trum'pet]
accordion	(ett) ackordion	[ak'kɔ:diɔn]
drum	(en) trumma	['trymma]
duo	(en) duo	['dyu]
trio	(en) trio	['triu]
quartet	(en) kvartett	[kvar'tet]

choir	(en) kör	['çør]
orchestra	(en) orkester	[ɔr'kestɛr]

pop music	(en) popmusik	['pɔpmy'sik]
rock music	(en) rock	[rɔk]
rock group	(ett) rockband	['rɔkband]
jazz	(en) jazz	[jass]

idol	(en) idol	[i'dɔʎ]
admirer, fan	(en) beundrare, (ett) fan	[be'undrare], [fan]

concert	(en) konsert	[kɔn'sɛr]
symphony	(en) symfoni	[simfu'ni]
composition	(ett) musikverk	[my'sikvɛrk]
to compose (write)	att komponera	[at kɔmpu'nɛra]

singing	(en) sång	[sɔːŋ]
song	(en) sång	[sɔːŋ]
tune (melody)	(en) melodi	[melu'di]
rhythm	(en) rytm	[ritm]
blues	(en) blues	[blus]

sheet music	noter	['nutɛr]
baton	(en) taktpinne	['taktpiŋɛ]
bow	(en) stråke	['strɔːkɛ]
string	(en) sträng	[strɛŋ]
case (e.g. guitar ~)	(ett) fodral	[fud'raʎ]

119

Rest. Entertainment. Travel

130. Trip. Travel

tourism	(en) turism	[tu'rism]
tourist	(en) turist	[tu'rist]
trip, voyage	(en) resa	['resa]
adventure	(ett) äventyr	['ɛwen'tyr]
trip, journey	(en) resa	['resa]
holiday	(en) semester	[se'mestɛr]
to be on holiday	att vara på semester	[at 'vara pɔ: se'mestɛr]
rest	(en) vila	['wila]
train	(ett) tåg	[tɔ:g]
by train	med tåg	[me 'tɔ:g]
aeroplane	(ett) flygplan	['flygplan]
by aeroplane	med flygplan	[me 'flygplan]
by car	med bil	[me 'biʎ]
by ship	ombord	[um'bu:d]
luggage	(ett) bagage	[ba'gaʃ]
suitcase, luggage	(en) resväska	['resvɛska]
luggage trolley	(en) bagagevagn	[ba'gaʃɛ'vangn]
passport	(ett) pass	[pass]
visa	(ett) visum	['wisym]
ticket	(en) biljett	[bi'ʎjet]
air ticket	(en) flygbiljett	['flygbiʎjet]
guidebook	(en) reseguide	['resegajd]
map	(en) karta	['karta]
area (rural ~)	(en) terräng	[tɛr'rɛŋ]
place, site	(ett) ställe	['stɛllɛ]
exotica	(det) exotiska	[ɛk'sɔtiska]
exotic (adj)	exotisk	[ɛk'sɔtisk]
amazing (adj)	fantastiskt	[fan'tastiskt]
group	(en) grupp	[grup]
excursion	(en) utflykt	['jutflykt]
guide (person)	(en) guide	[gajd]

131. Hotel

hotel	(ett) hotell	[hu'tɛʎ]
motel	(ett) motell	[mu'tɛʎ]
three-star (adj)	trestjärnigt	['treʃɛ:nit]

five-star	**fem stjärnor**	[fɛm 'ʃɛnur]
to stay (in hotel, etc.)	**att ta in**	[at ta in]
room	**(ett) rum**	[ruːm]
single room	**(ett) enkelrum**	['ɛeŋkeʎ'rum]
double room	**(ett) dubbelrum**	['dybbeʎ'rum]
to book a room	**att boka hotellrum**	[at 'buka hu'teʎ'rum]
half board	**(en) halvpension**	['haʎvpan'ʃun]
full board	**(en) helpension**	['heʎpan'ʃun]
with bath	**med badkar**	[me 'badkar]
with shower	**med dusch**	[me duʃ]
satellite television	**(en) satellit-TV**	[sate'lit 'tɛvɛ]
air-conditioner	**(en) luftkonditionering**	['lyft kɔndiʃu'nɛriŋ]
towel	**(en) handduk**	['handdyk]
key	**(en) nyckel**	['nykkɛʎ]
administrator	**(en) receptionist**	[resepʃu'nist]
chambermaid	**(en) städerska**	['stɛdɛːʃka]
porter, bellboy	**(en) bärare**	['bɛrarɛ]
doorman	**(en) portier**	[pur'tʲe]
restaurant	**(en) restaurang**	[restɔ'raŋ]
pub, bar	**(en) bar**	[bar]
breakfast	**(en) frukost**	['frykɔst]
dinner	**(en) kvällsmat**	['kvɛʎsmat]
buffet	**(ett) smörgåsbord**	[smørgɔːs'buːd]
lobby	**(en) vestibul**	[westi'byʎ]
lift	**(en) hiss**	[hiss]
DO NOT DISTURB	**STÖR EJ!**	['stør ɛj]
NO SMOKING	**RÖKNING FÖRBJUDEN**	['røkniŋ fø:'bjyden]

132. Books. Reading

book	**(en) bok**	[buk]
author	**(en) författare**	[fø:'fattarɛ]
writer	**(en) författare**	[fø:'fattarɛ]
to write (~ a book)	**att skriva**	[at 'skriva]
reader	**(en) läsare**	['lɛsarɛ]
to read (vi, vt)	**att läsa**	[at 'lɛsa]
reading (activity)	**(en) läsning**	['lɛsniŋ]
silently (to oneself)	**för sig själv**	['fø sɛj 'ʃɛʎv]
aloud (adv)	**högt**	['høgt]
to publish (vt)	**att publicera**	[at publi'sɛra]
publishing (process)	**(en) utgåva**	['jutgɔːva]
publisher	**(en) förläggare**	[fø:'lɛggarɛ]
publishing house	**(ett) förlag**	[fø:'lag]
to come out	**att komma ut**	[at 'kɔmma jut]

release (of a book)	(en) utgåva	['jutgɔ:va]
print run	(en) upplaga	['up'laga]
bookshop	(en) bokhandel	['buk'handeʌ]
library	(ett) bibliotek	[bibliu'tek]
story (novella)	(en) berättelse	[bɛ'rɛtɛʌsɛ]
short story	(en) novell	[nɔ'vɛʌ]
novel	(en) roman	[ru'man]
detective novel	(en) kriminalroman	[krimi'naʌ ru'man]
memoirs	memoarer	[memu'arɛr]
legend	(en) legend	[le'gend]
myth	(en) myt	[myt]
poetry, poems	dikter	['diktɛr]
autobiography	(en) självbiografi	['ʃeʌvbiugra'fi]
selected works	(ett) urval	['jurvaʌ]
science fiction	(en) science fiction	['sajens 'fikʃən]
title	(en) titel	['titeʌ]
introduction	(en) inledning	[in'ledniŋ]
title page	(en) titelsida	['titeʌsida]
chapter	(ett) kapitel	[ka'piteʌ]
extract	(ett) utdrag	['jutdrag]
episode	(en) episod	[ɛpi'sud]
plot (storyline)	(en) handling	['handliŋ]
contents	(ett) innehåll	['iŋehɔ:ʌ]
table of contents	(ett) innehåll	['iŋehɔ:ʌ]
main character	(en) huvudperson	['hywyd pɛ:'ʃun]
volume	(en) volym	[vɔ'lym]
cover	(ett) omslag	['ɔmslag]
binding	(ett) bokband	['bukband]
bookmark	(ett) bokmärke	['bukmɛrke]
page	(en) sida	['sida]
to flick through	att bläddra	[at 'blɛddra]
margins	(en) marginal	[margi'naʌ]
annotation	(ett) märke	['mɛrke]
footnote	(en) anmärkning	['an'mɛrkniŋ]
text	(en) text	[tɛkst]
type, fount	(ett) typsnitt	['typsnit]
misprint, typo	(ett) tryckfel	['trykfeʌ]
translation	(en) översättning	[øvɛ:'ʃɛttniŋ]
to translate (vt)	att översätta	[at øvɛ:'ʃɛtta]
original (n)	(ett) original	[ɔrigi'naʌ]
famous (adj)	berömd	[bɛ'rømd]
unknown (adj)	okänd	['uɕend]
interesting (adj)	intressant	[intres'sant]
bestseller	(en) bestseller	['bestsɛllɛr]

dictionary	(en) ordbok	['u:dbuk]
textbook	(en) lärobok	['lɛrubuk]
encyclopedia	(en) encyklopedi	[ɛn'syklupe'di]

133. Hunting. Fishing

hunt (of animal)	(en) jakt	[jakt]
to hunt (vi, vt)	att jaga	[at 'jaga]
hunter	(en) jägare	['jəgarɛ]

to shoot (vi)	att skjuta	[at 'ʃyta]
rifle	(ett) gevär	[je'vɛr]
bullet (cartridge)	(en) patron	['patrun]
shotgun pellets	(ett) hagel	['hageʎ]

trap (e.g. bear ~)	(en) sax	[saks]
snare (for birds, etc.)	(en) fälla	['fɛla]
to lay a trap	att gillra en fälla	[at 'jıʎra en 'fɛla]
poacher	(en) tjuvskytt	['ɕyv'ʃyt]
game (in hunting)	(ett) vilt	[wiʎt]
hound	(en) jakthund	[jakthund]
safari	(en) safari	[sa'fari]
mounted animal	(ett) uppstoppat djur / fågel	['ups'tɔpat jur] / ['fɔ:geʎ]

fisherman	(en) fiskare	['fiskarɛ]
fishing	(ett) fiske	['fiske]
to fish (vi)	att fiska	[at 'fiska]
fishing rod	(ett) fiskespö	['fiskespø]
fishing line	(en) fiskelina	['fiske'lina]
hook	(en) krok	[kruk]
float	(ett) flöte	['fløtɛ]
bait	(en) agn	[angn]

to cast a line	att kasta ut en lina	[at 'kasta jut ɛn 'lina]
to bite (ab. fish)	att nappa	[at 'napa]
catch (of fish)	(en) fångst	[fɔ:ngst]
ice-hole	(en) isvak	['isvak]

net	(ett) nät	[nɛt]
boat	(en) båt	[bɔ:t]
to net (catch with net)	att fiska med nät	[at 'fiska me nɛt]
to cast the net	att lägga nät	[at 'lɛgga nɛt]
to haul in the net	att dra upp nätet	[at dra up 'nɛtet]

whaler (person)	(en) valfångare	['vaʎ'fɔ:ŋarɛ]
whaleboat	(ett) valfångstfartyg	['vaʎ'fɔ:ŋst far'tyg]
harpoon	(en) harpun	[har'pyn]

134. Games. Billiards

billiards	(en) biljard	[bi'ʎja:d]
billiard room, hall	(en) biljardsalong	[bi'ʎja:d ʃʎ'lɔŋ]

123

ball	(en) biljardboll	[biˈʎjaːd bɔʎ]
to pocket a ball	att sänka en boll	[at ˈsɛŋka ɛn ˈbɔʎ]
cue	(en) kö	[ˈkø]
pocket	(ett) hål	[hɔːʎ]

135. Games. Playing cards

diamonds	ruter	[ˈrytɛr]
spades	spader	[ˈspadɛr]
hearts	hjärter	[ˈjəːtɛr]
clubs	klöver	[ˈkløvɛr]

ace	(ett) äss	[ɛss]
king	(en) kung	[kuŋ]
queen	(en) dam	[dam]
jack, knave	(en) knekt	[knɛkt]

playing card	(ett) kort	[kɔːt]
cards	kort	[kɔːt]
trump	(en) trumf	[trumf]
pack of cards	(en) kortlek	[ˈkɔːtlɛk]

to deal (vi, vt)	att dela ut	[at ˈdela jut]
to shuffle (cards)	att blanda	[at ˈbʎanda]
lead, turn (n)	(ett) utspel	[ˈutspeʎ]
cardsharp	(en) falskspelare	[ˈfaʎsk ˈspelarɛ]

136. Rest. Games. Miscellaneous

to take a walk	att promenera	[at prɔmeˈnɛra]
walk, stroll	(en) promenad	[prɔmeˈnad]
road trip	(en) utflykt	[ˈjutflykt]
adventure	(ett) äventyr	[ˈɛwenˈtyr]
picnic	(en) picknick	[ˈpiknik]

game (chess, etc.)	(ett) spel	[speʎ]
player	(en) spelare	[ˈspelarɛ]
game (one ~ of chess)	(ett) parti	[parˈti]

collector (e.g. philatelist)	(en) samlare	[ˈsamlarɛ]
to collect (vt)	att samla	[at ˈsamla]
collection	(en) samling	[ˈsamliŋ]

crossword puzzle	(ett) korsord	[ˈkɔːʃuːd]
racecourse (hippodrome)	(en) galoppbana	[gaˈlɔpbana]
discotheque	(ett) disco	[ˈdiskɔ]

| sauna | (en) sauna | [ˈsauna] |
| lottery | (ett) lotteri | [lɔttɛˈri] |

| camping trip | (en) vandring | [ˈvandriŋ] |
| camp | (ett) läger | [ˈlɛgɛr] |

tent (for camping)	(ett) tält	[tɛʌt]
compass	(en) kompass	[kɔm'pɑss]
camper	(en) campare	['kɑmpɑrɛ]

to watch (film, etc.)	att se, titta	[ɑt sɛ], ['titta]
viewer	(en) tevetittare	['tɛvɛ 'tittɑrɛ]
TV program	(ett) TV-program	['tɛvɛ prɔg'rɑm]

137. Photography

camera (photo)	(en) kamera	['kɑmɛra]
photo, picture	(ett) fotografi	[fɔtɔgra'fi]
photographer	(en) fotograf	[fɔtɔg'raf]
photo studio	(en) fotoateljé	['fɔtɔate'ʌje]
photo album	(ett) fotoalbum	['fɔtɔ'aʌbum]

camera lens	(ett) objektiv	[ɔbʰek'tiv]
telephoto lens	(ett) teleobjektiv	['teleɔbʰek'tiv]
filter	(ett) filter	['fiʌtɛr]
lens	(en) lins	[lins]

optics (high-quality ~)	(en) optik	[ɔp'tik]
diaphragm (aperture)	(en) bländare	['blɛndɑrɛ]
exposure time	(en) exponeringstid	[ɛkspu'nɛriŋs'tid]
viewfinder	(en) sökare	['søkɑrɛ]

digital camera	(en) digitalkamera	[digi'taʌ 'kɑmɛra]
tripod	(ett) stativ	[sta'tiv]
flash	(en) blixt	[blikst]

to photograph (vt)	att fotografera	[ɑt 'fɔtɔgra'fɛra]
to take pictures	att fotografera	[ɑt 'fɔtɔgra'fɛra]
to be photographed	fotografera sig	[futugra'fɛra sɛj]

focus	(en) skärpa	['ʃɛrpa]
to adjust the focus	att justera skärpan	[ɑt hus'tɛra 'ʃɛrpan]
sharp, in focus (adj)	skarpt	[skarpt]
sharpness	(en) skärpa	['ʃɛrpa]

contrast	(en) kontrast	[kɔnt'rast]
contrasty (adj)	kontrast-	[kɔnt'rast]

picture (photo)	(en) bild	[biʌd]
negative (n)	(ett) negativ	['nega'tiv]
film (a roll of ~)	(en) film	[fiʌm]
frame (still)	(en) bild, kort	[biʌd], [kɔ:t]
to print (photos)	att skriva ut	[ɑt 'skriva jut]

138. Beach. Swimming

beach	(en) badstrand	['badstrand]
sand	(en) sand	[sand]

deserted (beach)	öde	[ødɛ]
suntan	(en) solbränna	['suʌb'rɛŋa]
to get a tan	att sola sig	[at 'suʌa sɛj]
tanned (adj)	solbränd	['suʌbrɛnd]
sunscreen	(en) solskyddskräm	['suʌʃydsk'rɛm]

bikini	(en) bikini	[bi'kini]
swimsuit, bikini	(en) baddräkt	['baddrɛkt]
swim trunks	simbyxor	['simbyksur]

swimming pool	(en) bassäng	[bas'sɛŋ]
to swim (vi)	att simma	[at 'simma]
shower	(en) dusch	[duʃ]
to change (one's clothes)	att byta om	[at 'byta ɔm]
towel	(en) handduk	['handdyk]

boat	(en) båt	[bɔːt]
motorboat	(en) fritidsbåt	['fritidsbɔːt]

water ski	vattenskidor	['vattɛn'ʃidur]
pedalo	(en) vattencykel	['vattɛn'sykeʌ]
surfing	(en) surfing	['surfiŋ]
surfer	(en) surfare	['surfarɛ]

scuba set	(en) dykapparat	['dykapa'rat]
flippers (swimfins)	simfötter	['simføttɛr]
mask	(en) mask	[mask]
diver	(en) dykare	['dykarɛ]
to dive (vi)	att dyka	[at 'dyka]
underwater (adv)	under vatten	['undɛ 'vattɛn]

beach umbrella	(ett) paraply	[parap'ly]
beach chair	(en) liggstol	['liggstuʌ]
sunglasses	(en) poäng	[pu'ɛŋ]
air mattress	(en) luftmadrass	['lyftmad'rass]

to play (amuse oneself)	att spela	[at 'spela]
to go for a swim	att bada	[at 'bada]

beach ball	(en) boll	[bɔʌ]
to inflate (vt)	att blåsa upp	[at 'blɔːsa up]
inflatable, air (adj)	uppblåsbar	['upb'lɔːsbar]

wave	(en) våg	[vɔːg]
buoy	(en) boj	[bɔj]
to drown (ab. person)	att drunkna	[at 'dryŋkna]

to save, to rescue	att rädda	[at 'rɛdda]
lifejacket	(en) flytväst	['flytvɛst]
to observe, to watch	att observera	[at 'ɔbsɛr'vɛra]
lifeguard	(en) räddare	['rɛddarɛ]

TECHNICAL EQUIPMENT. TRANSPORT

Technical equipment

139. Computer

computer	(en) dator	['datur]
notebook, laptop	(en) portföljdator	['pɔ:tføʎj 'datur]
to switch on	att slå på	[at slɔ: 'pɔ:]
to turn off	att stänga av	[at 'stɛŋa av]
keyboard	(ett) tangentbord	[taŋ'ent'bu:d]
key	(en) tangent	[taŋ'ent]
mouse	(en) mus	[mys]
mouse mat	(en) musmatta	['mysmatta]
button	(en) knapp	[knap]
cursor	(en) markören	[mar'kørɛn]
monitor	(en) bildskärm	['biʎdʃɛrm]
screen	(en) skärm	[ʃɛrm]
hard disk	(en) hårddisk	['hɔ:ddisk]
hard disk volume	(en) hårddisk rymd	['hɔ:ddisk 'rymd]
memory	(ett) minne	['miŋɛ]
random access memory	(ett) operativminne	[upɛra'tiv 'miŋɛ]
file	(en) fil	[fiʎ]
folder	(ett) register	[re'jistɛr]
to open (vt)	att öppna	[at øpna]
to close (vt)	att stänga	[at 'stɛŋa]
to save (vt)	att bevara	[at be'vara]
to delete (vt)	att ta bort	[at ta 'bɔ:t]
to copy (vt)	att kopiera	[at kɔpi'ɛra]
to sort (vt)	att sortera	[at sɔr'tɛra]
to transfer (copy)	att överskriva	[at øvɛ:ʃkiva]
programme	(ett) program	[prɔg'ram]
software	(en) mjukvara	['mjykvara]
programmer	(en) programmerare	[prɔgram'mɛrarɛ]
to program (vt)	att programmera	[at prɔgram'mɛra]
hacker	(en) hackare	['hakkarɛ]
password	(ett) lösenord	[løse'nu:d]
virus	(ett) virus	['wirys]
to find, to detect	att upptäcka	[at 'uptɛkka]
byte	(ett) byte	[bajt]

megabyte	(en) megabyte	['megabajt]
data	data	['data]
database	(en) databas	['databas]

cable (wire)	(en) kabel	['kabeʎ]
to disconnect (vt)	att koppla av	[at 'kɔpla av]
to connect (sth to sth)	att koppla i	[at 'kɔpla i]

140. Internet. E-mail

Internet	Internet	['intɛrnet]
browser	(en) webbläsare	['webb'lɛsarɛ]
search engine	(en) sökresurs	['søkresu:ʃ]
provider	(en) Internetleverantör	[intɛr'net levɛran'tør]

web master	(en) webbmästare	['web'mɛstarɛ]
website	(en) webbplats	['webplaʦ]
web page	(en) webbsida	['web'sida]

| address | (en) adress | [ad'ress] |
| address book | (en) adressbok | [ad'ressbuk] |

| postbox | (en) brevlåda | ['brevlɔ:da] |
| post | (en) post | [pɔst] |

message	(ett) meddelande	['medɛlandɛ]
sender	(en) avsändare	['avsɛndarɛ]
to send (vt)	att skicka	[at 'ʃikka]
sending (of mail)	(en) brevsändning	[brev'sɛndniŋ]

| receiver | (en) mottagare | ['muttagarɛ] |
| to receive (vt) | att få | [at fɔ:] |

| correspondence | (en) brevväxling | [brev'vɛksliŋ] |
| to correspond (vi) | att brevväxla | [at 'brevvɛksla] |

file	(en) fil	[fiʎ]
to download (vt)	att ladda ned	[at 'ladda ned]
to create (vt)	att skapa	[at 'skapa]
to delete (vt)	att ta bort	[at ta 'bɔ:t]
deleted (adj)	borttagen	['bɔ:ttagen]

connection (ADSL, etc.)	(en) ankoppling	['aŋkɔpliŋ]
speed	(en) hastighet	['hastighet]
modem	(ett) modem	[mu'dem]

| access | (ett) tillträde | ['tiʎtrɛdɛ] |
| port (e.g. input ~) | (en) port | ['pɔ:t] |

| connection (make a ~) | (en) anslutning | ['anslytniŋ] |
| to connect (vi) | att ansluta | [at 'anslyta] |

| to select (vt) | att välja | [at 'vɛʎja] |
| to search (for ...) | att söka efter ... | [at 'søka 'ɛftɛr] |

Transport

141. Aeroplane

aeroplane	(ett) flygplan	['flygplan]
air ticket	(en) flygbiljett	['flygbiʎjet]
airline	(ett) flygbolag	['flygbulɑg]
airport	(en) flygplats	['flygplats]
supersonic (adj)	(ett) överljudsplan	[øvɛr'judsp'lan]

captain	(en) fartygschef	['fɑːtygs'ʃəf]
crew	(en) besättning	[be'sɛttniŋ]
pilot	(en) pilot	[pi'lut]
stewardess	(en) flygvärdinna	['flygvɛːdiŋɑ]
navigator	(en) styrman	['styman]

wings	vingar	['wiŋɑr]
tail	(en) flygplanets stjärt	['flygplanets ʃɛ:t]
cockpit	(en) kabin	[kɑ'bin]
engine	(en) motor	['mutur]
undercarriage	(ett) landningsställ	['landniŋsstɛʎ]
turbine	(en) turbin	[tyr'bin]

propeller	(en) propeller	[pru'pellɛr]
black box	(en) svart låda	[svart 'lɔːda]
control column	(ett) styrspak	['styʃpak]
fuel	(ett) bränsle	['brɛnslɛ]

safety card	instruktioner	[instruk'ʃunɛr]
oxygen mask	(en) syremask	['syremask]
uniform	(en) uniform	['unifɔrm]
lifejacket	(en) flytväst	['flytvɛst]
parachute	(en) fallskärm	['faʎʃɛrm]

takeoff	(en) start	[start]
to take off (vi)	att lyfta	[at 'lyfta]
runway	(en) start-och landningsbana	['start ɔ 'landniŋs'bana]

visibility	(en) sikt	[sikt]
flight (act of flying)	(en) flykt	['flykt]

altitude	(en) höjd	['højd]
air pocket	(en) luftgrop	['lyftgrup]

seat	(en) plats	[plats]
headphones	hörlurar	['høːlyrar]
folding tray	(en) nedfällbar bricka	['nɛdfɛʎ'bar 'brikka]
airplane window	(ett) kabinfönster	[kɑ'binfønstɛr]
aisle	(en) mittgång	['mitgɔːŋ]

142. Train

train	(ett) tåg	[tɔːg]
suburban train	(ett) eltåg	[ˈɛltɔːg]
fast train	(ett) snabbtåg	[ˈsnabbtɔːg]
diesel locomotive	(ett) diesellokomotiv	[ˈdiseʎ lɔkɔmɔˈtiv]
steam engine	(en) ånglokomotiv	[ˈɔːnglɔkɔmɔˈtiv]

coach, carriage	(en) vagn	[vangn]
restaurant car	(en) restaurangvagn	[restɔˈranˈvangn]

rails	räls	[rɛʎs]
railway	(en) järnväg	[ˈjɘrnvɛg]
sleeper (track support)	(en) järnvägssliper	[ˈjɘrnvɛgs ˈslipɛr]

platform (railway ~)	(en) perrong	[ˈpɛrrɔŋ]
platform (~ 1, 2, etc.)	(en) plattform	[ˈplatfɔrm]
semaphore	(en) semafor	[semaˈfɔr]
station	(en) järnvägsstation	[ˈjɘrnvɛgs staˈʃun]

train driver	(en) lokförare	[ˈlukføːrarɛ]
porter (of luggage)	(en) bärare	[ˈbɛrarɛ]
train steward	(en) tågvärd	[tɔːgˈvɛːd]
passenger	(en) passagerare	[passaˈʃɛrarɛ]
ticket inspector	(en) kontrollant	[kɔntrɔˈʎant]

corridor (in train)	(en) korridor	[kɔrriˈdɔr]
emergency break	(en) nödbroms	[ˈnødbrɔms]

compartment	(en) kupé	[kyˈpe]
berth	(en) sovplats	[ˈsɔvplats]

upper berth	(en) övre sovplats	[øvrɛ ˈsɔvplats]
lower berth	(en) under sovplats	[ˈundɛ ˈsɔvplats]
linen	sängkläder	[ˈsɛŋkˈlɛdɛr]

ticket	(en) biljett	[biˈʎjet]
timetable	(en) tidtabell	[ˈtidtaˈbeʎ]
information display	(en) display	[dispˈlej]

to leave, to depart	att avgå	[at ˈavgɔː]
departure (of train)	(en) avgång	[ˈavgɔːŋ]

to arrive (ab. train)	att ankomma	[at ˈaŋkɔmma]
arrival	(en) ankomst	[ˈaŋkɔmst]

to arrive by train	att anlända med tåg	[at ˈanlɛnda med tɔːg]
to get on the train	att stiga på tåget	[at ˈstiga pɔː ˈtɔːget]
to get off the train	att stiga av tåget	[at ˈstiga av ˈtɔːget]

train crash	(en) järnvägsolycka	[ˈjɘrnvɛgsuˈlykka]
steam engine	(en) ånglokomotiv	[ˈɔːnglɔkɔmɔˈtiv]
stoker, fireman	(en) eldare	[ˈɛʎdarɛ]
firebox	(en) eldstad	[ˈɛʎdstad]
coal	(ett) kol	[kɔʎ]

143. Ship

ship	(ett) skepp, fartyg	[ʃəp], ['fɑːtyg]
vessel	(ett) fartyg	['fɑːtyg]
steamship	(en) ångbåt	['ɔːŋ'bɔːt]
riverboat	(ett) motorfartyg	['mutur'fɑːtyg]
ocean liner	(ett) linjefartyg	['liɲje'fɑːtyg]
cruiser	(en) kryssare	['kryssɑrɛ]
yacht	(en) jakt	[jakt]
tugboat	(en) bogserbåt	['bɔksɛrbɔːt]
barge	(en) pråm	[prɔːm]
ferry	(en) färja	['fɛrjɑ]
sailing ship	(en) segelfartyg	['segeʎ'fɑːtyg]
brigantine	(en) brigantin	[brigɑn'tin]
ice breaker	(en) isbrytare	['isb'rytɑrɛ]
submarine	(en) ubåt	['jubɔːt]
boat (flat-bottomed ~)	(en) båt	[bɔːt]
dinghy	(en) skeppsbåt	['ʃɛpsbɔːt]
lifeboat	(en) livbåt	['livbɔːt]
motorboat	(en) fritidsbåt	['fritidsbɔːt]
captain	(en) sjökapten	[ʃɔkɑp'ten]
seaman	(en) matros	[mɑt'rus]
sailor	(en) sjöman	['ʃɔmɑn]
crew	(en) besättning	[be'sɛttniŋ]
boatswain	(en) båtsman	['bɔːʦmɑn]
ship's boy	(en) jungman	['juŋmɑn]
cook	(en) kock	[kɔkk]
ship's doctor	(en) fartygsläkare	['fɑrtygs 'lekɑrɛ]
deck	(ett) däck	[dɛkk]
mast	(en) mast	[mɑst]
sail	(ett) segel	['segɛʎ]
hold	(ett) lastrum	['lɑst'rum]
bow (prow)	(en) för	['før]
stern	(en) akter	['ɑktɛr]
oar	(en) åra	['ɔːrɑ]
propeller	(en) propeller	[pru'pellɛr]
cabin	(en) hytt	[hyt]
wardroom	(en) kajuta	[kɑ'jutɑ]
engine room	(ett) maskinrum	[mɑ'ʃin'rum]
the bridge	(en) kommandobrygga	[kum'mɑndub'ryggɑ]
radio room	(en) radiohytt	['rɑdiu'hyt]
wave (radio)	(en) radiovåg	['rɑdiuvɔːg]
logbook	(en) loggbok	['lɔggbuk]
spyglass	(en) tubkikare	[t:jub'kikɑrɛ]
bell	(en) klocka	['klɔkkɑ]

flag	(en) flagga	['flagga]
rope (mooring ~)	(ett) rep	[rɛp]
knot (bowline, etc.)	(en) sjömansknop	[ʃɔmansk'nup]

| handrail | (en) ledstång | ['ledstɔ:ŋ] |
| gangway | (en) landgång | ['landgɔ:ŋ] |

anchor	(ett) ankar	['aŋkar]
to weigh anchor	att lätta ankar	[at 'lɛtta 'aŋkar]
to drop anchor	att kasta ankar	[at 'kasta 'aŋkar]
anchor chain	(en) ankarkätting	['aŋkar'ɕetiŋ]

port (harbour)	(en) hamn	[hamn]
wharf, quay	(en) kaj	[kaj]
to berth (moor)	att förtöja	[at 'fø:'tøja]
to cast off	att kasta loss	[at 'kasta lɔss]

trip, voyage	(en) sjöresa	['ʃɔresa]
cruise (sea trip)	(en) kryssning	['kryssniŋ]
course (route)	(en) kurs	[ku:ʃ]
route (itinerary)	(en) resrutt	['resryt]

fairway	(en) farled	['fa:led]
shallows (shoal)	(ett) grund	[grynd]
to run aground	att gå på grund	[at gɔ: pɔ: grynd]

storm	(en) storm	[stɔrm]
signal	(en) signal	[sig'naʎ]
to sink (vi)	att sjunka	[at 'ʃuŋka]
SOS	SOS	[sɔs]
ring buoy	(en) livboj	['livbɔj]

144. Airport

airport	(en) flygplats	['flygplats]
aeroplane	(ett) flygplan	['flygplan]
airline	(ett) flygbolag	['flygbulag]
air-traffic controller	(en) flygledare	['flygledarɛ]

departure	(en) avgång	['avgɔ:ŋ]
arrival	(en) ankomst	['aŋkɔmst]
to arrive (by plane)	att anlända	[at 'anlɛnda]

| departure time | (en) avgångstid | ['avgɔ:ŋs'tid] |
| arrival time | (en) ankomsttid | ['aŋkɔms'tid] |

| to be delayed | att bli försenad | [at bli fø:'ʃenad] |
| flight delay | (en) försening | [fø:'ʃeniŋ] |

information board	(en) informationstavla	[infɔrma'ʃuns 'tavla]
information	(en) information	[infɔrma'ʃun]
to announce (vt)	att meddela	[at 'me'dɛla]
flight (e.g. next ~)	(en) flygrutt	['flygryt]
customs	(en) tull	[tyʎ]

customs officer	(en) tulltjänsteman	['tyʎɕenste'man]
customs declaration	(en) deklaration	[deklara'ʃun]
to fill in the declaration	att fylla i en deklaration	[at 'fyla i ɛn deklara'ʃun]
passport control	(en) passkontroll	['passkɔnt'rɔʎ]

luggage	(ett) bagage	[ba'gaʃ]
hand luggage	(ett) handbagage	['hand ba'gaʃ]
Lost Luggage Desk	hittegods	['hitteguds]
luggage trolley	(en) bagagevagn	[ba'gaʃɛ'vangn]

landing	(en) landning	['landniŋ]
landing strip	(en) landningsbana	['landniŋs'bana]
to land (vi)	att landa	[at 'landa]
airstairs	(en) flygplanstrappa	['flygplans 'trapa]

check-in	(en) incheckning	['in'ɕekniŋ]
check-in desk	(en) incheckningsdisk	['in'ɕekniŋs 'disk]
to check-in (vi)	att checka in	[at 'ʃekka in]
boarding pass	(ett) boardingkort	['bɔːdiŋkɔːt]
departure gate	(en) utgång	['jutgɔːŋ]

transit	(en) transit	['transit]
to wait (vt)	att vänta	[at 'vɛnta]
departure lounge	(en) väntsal	['vɛntsaʎ]
to see off	att vinka av	[at 'wiŋka av]
to say goodbye	att ta farväl	[at ta far'vɛʎ]

145. Bicycle. Motorcycle

bicycle	(en) cykel	['sykeʎ]
scooter	(en) scooter	['skutɛr]
motorbike	(en) motorcykel	['mutursy'keʎ]

to go by bicycle	att cykla	[at 'sykla]
handlebars	(ett) styre	['styrɛ]
pedal	(en) trampa	['trampa]
brakes	bromsar	['brɔmsar]
saddle	(en) cykelsadel	['sykeʎ'sadeʎ]

pump	(en) pump	[pump]
luggage rack	(en) pakethållare	[pa'kethɔːlarɛ]
front lamp	(en) lykta	['lykta]
helmet	(en) hjälm	[jəʎm]

wheel	(ett) hjul	[juʎ]
mudguard	(en) stänskärm	['stɛŋkʃɛrm]
rim	(en) fälg	[fɛʎj]
spoke	(en) eker	['ekɛr]

Cars

146. Types of cars

car	(en) bil	[biʎ]
sports car	(en) sportbil	[ˈspɔːtbiʎ]
limousine	(en) limousine	[limuˈsin]
off-road vehicle	(en) terrängbil	[tɛrˈrɛŋbiʎ]
convertible	(en) cabriolet	[kabriuˈle]
minibus	(en) minibuss	[ˈminiˈbuss]
ambulance	(en) ambulans	[ambyˈʎans]
snowplough	(en) snöplog	[ˈsnøplug]
lorry	(en) lastbil	[ˈlastbiʎ]
road tanker	(en) tankbil	[ˈtaŋkbiʎ]
van (small truck)	(en) skåpbil	[ˈskɔːpbiʎ]
road tractor	(en) traktor	[ˈtraktur]
trailer	(en) släpvagn	[ˈslɛpvaɲj]
comfortable (adj)	bekväm	[bekˈvɛm]
second hand (adj)	begagnad	[beˈgagnad]

147. Cars. Bodywork

bonnet	(en) motorhuv	[ˈmuturhyv]
wing	(en) skärm	[ʃɛrm]
roof	(ett) tak	[tak]
windscreen	(en) vindruta	[ˈwindryta]
rear-view mirror	(en) backspegel	[ˈbaksˈpegeʎ]
windscreen washer	(en) vindrutespolning	[ˈwindrytesˈpuʎniŋ]
windscreen wipers	(en) vindrutetorkare	[ˈwindryteˈtɔrkarɛ]
side window	(en) sidoruta	[ˈsiduryta]
window lift	(en) fönsterhiss	[ˈfønstɛrhiss]
aerial	(en) antenn	[anˈteŋ]
sun roof	(en) lucka	[ˈlykka]
bumper	(en) frambalk	[ˈframbaʎk]
boot	(ett) bagageutrymme	[baˈgaʃytˈrymmɛ]
door	(en) bildörr	[ˈbiʎdørr]
door handle	(en) dörrhandtag	[dørrhandˈtag]
door lock	(ett) dörrlås	[dørrˈlɔːs]
number plate	(ett) registreringsskylt	[rejɪstˈrɛriŋs ˈʃyʎt]
silencer	(en) ljuddämpare	[ˈjudˈdɛmparɛ]

petrol tank	(en) bensintank	[ben'sintaŋk]
exhaust pipe	(ett) avgasrör	['avgɑsrør]
accelerator	(en) gas	[gɑs]
pedal	(en) pedal	[pe'dɑʎ]
accelerator pedal	(en) gaspedal	['gɑspe'dɑʎ]
brake	(en) broms	[brɔms]
brake pedal	(en) bromspedal	['brɔmspedɑʎ]
to slow down (to brake)	att sakta ner	[at 'sakta nɛr]
handbrake	(en) handbroms	['handb'rɔms]
clutch	(en) koppling	['kɔpliŋ]
clutch pedal	(en) kopplingspedal	['kɔpliŋs pe'dɑʎ]
clutch plate	(en) kopplingslamell	['kɔpliŋs lɑ'meʎ]
shock absorber	(en) stötdämpare	[støt'dɛmpɑrɛ]
wheel	(ett) hjul	[juʎ]
spare tyre	(ett) reservhjul	[re'sɛrvjuʎ]
wheel cover (hubcap)	(en) navkapsel	['nav'kapseʎ]
driving wheels	drivhjul	['drivjuʎ]
front-wheel drive (as adj)	framhjulsdriven	['framjuʎs 'driwen]
rear-wheel drive (as adj)	bakhjulsdriven	['bakjuʎs 'driwen]
all-wheel drive (as adj)	fyrahjulsdriven	['firajuʎs 'driwen]
gearbox	(en) växellåda	['vɛkse'ʎɔ:da]
automatic (adj)	automatisk	[autɔ'matisk]
mechanical (adj)	mekanisk	[me'kanisk]
gear lever	(en) växelspak	['vɛkseʎspak]
headlight	(en) strålkastare	['strɔ:ʎkastarɛ]
headlights	(en) strålkastare	['strɔ:ʎkastarɛ]
dipped headlights	(ett) halvljus	[haʎv'jus]
full headlights	(ett) helljus	['hel'jus]
brake light	(ett) stoppljus	['stɔpjus]
sidelights	positionsljus	[pusi'ʃuns'jus]
hazard lights	(ett) nödljus	[nød'ʎjys]
fog lights	(en) dimlykta	['dimlykta]
turn indicator	(en) blinker	['bliŋkɛr]
reversing light	(ett) backljus	['bakk'jus]

148. Cars. Passenger compartment

car inside	(en) inredning	[in'redniŋ]
leather (as adj)	skinn-	[ʃin]
velour (as adj)	velour-	[we'lyr]
upholstery	(en) bilklädsel	['biʎk'lɛdseʎ]
instrument (gage)	(ett) instrument	[instru'ment]
dashboard	(en) instrumentpanel	[instru'mentpɑ'neʎ]
speedometer	(en) hastighetsmätare	['hastighets 'mɛtarɛ]

needle (pointer)	(en) visare	['wisarɛ]
mileometer	(en) mätare	['mɛtarɛ]
indicator	(en) givare	['jɪvarɛ]
level	(en) nivå	[ni'vɔ:]
warning light	(en) indikatorlampa	[indi'katɔr'lampa]

steering wheel	(en) ratt	[rat]
horn	(en) tuta	['tyta]
button	(en) knapp	[knap]
switch	(en) omskiftare	['ɔm'ʃiftarɛ]

seat	(en) sits	[sits]
seat back	(ett) ryggstöd	['ryggstød]
headrest	(ett) nackstöd	['nakstød]
seat belt	(ett) bilbälte	['biʎ'bɛʎtɛ]
to fasten the belt	att sätta fast säkerhetsbältet	[at 'sɛtta fast 'sɛkɛrhets'bɛʎtɛt]
adjustment (of seats)	(en) justering	[ʃys'tɛriŋ]

airbag	(en) luftdämpare	['lyft 'dɛmparɛ]
air-conditioner	(en) luftkonditionering	['lyft kɔndiʃu'nɛriŋ]

radio	(en) radio	['radiu]
CD player	(en) cd-spelare	['sede 'spelarɛ]
to turn on	att slå på	[at slɔ: 'pɔ:]
aerial	(en) antenn	[an'teŋ]
glove box	(ett) handskfack	['hanskfakk]
ashtray	(ett) askfat	['askfat]

149. Cars. Engine

engine, motor	(en) motor	['mutur]
diesel (as adj)	diesel-	['diseʎ]
petrol (as adj)	bensin-	[bensin]

engine volume	(en) motorvolym	['muturvu'lym]
power	(en) motorstyrka	['mutu:ʃtyrka]
horsepower	(en) hästkraft	['hɛstk'raft]
piston	(en) kolv	[kɔʎv]
cylinder	(en) cylinder	[sy'lindɛr]
valve	(en) ventil	[wen'tiʎ]

injector	(en) injektor	[inʰ'ektur]
generator	(en) generator	[jenɛ'ratur]
carburettor	(en) förgasare	[fø:r'gasarɛ]
engine oil	(en) motorolja	['muturʰ'ɔʎja]

radiator	(en) kylare	['ɕylarɛ]
coolant	(en) kylvätska	['ɕyʎvɛtska]
cooling fan	(en) fläkt	[flɛkt]

battery (accumulator)	(en) ackumulator	[akkymy'ʎatur]
starter	(ett) pådrag	['pɔ:drag]
ignition	(en) tändning	['tɛndniŋ]

sparking plug	(ett) tändstift	['tɛnds'tift]
terminal (of battery)	(en) klämma	['klɛmma]
positive terminal	(ett) plus	[plys]
negative terminal	(ett) minus	['minys]
fuse	(en) säkring	['sɛkriŋ]
air filter	(ett) luftfilter	['lyft'fiʌtɛr]
oil filter	(en) oljerenare	['ɔʌʲæ'renarɛ]
fuel filter	(ett) bränslefilter	['brɛnslefiʌtɛr]

150. Cars. Crash. Repair

car accident	(en) bilolycka	['biʌʲu'lykka]
road accident	(en) trafikolycka	[tra'fiku'lykka]
to run into ...	att köra in i	[at 'ɕøra in i]
to have an accident	att ha en olycka	[at ha ɛn u'lykka]
damage	(en) skada	['skada]
intact (adj)	oskadad	['uskadad]
to break down (vi)	att gå sönder	[at gɔ: 'søndɛr]
towrope	(en) bogsertross	[buk'sɛrt'rɔss]
puncture	(en) punktering	[puŋk'tɛriŋ]
to have a puncture	att ha punktering	[at ha puŋk'tɛriŋ]
to pump up	att pumpa upp	[at 'pumpa up]
pressure	(ett) tryck	[trykk]
to check (to examine)	att kontrollera	[at kɔntrɔl'lɛra]
repair	(en) reparation	[repara'ʃun]
auto repair shop	(en) bilverkstad	['biʌvɛrks'tad]
spare part	(en) reservdel	[re'sɛrvdeʌ]
part	(en) detalj	[de'taʌj]
bolt	(en) bult	[byʌt]
screw bolt	(en) skruv	[skryv]
nut	(en) mutter	['muttɛr]
washer	(en) vindrutespolare	['windryte 'spɔlarɛ]
bearing	(ett) lager	['lagɛr]
tube	(en) rör	['rør]
gasket, washer	(en) tätning	['tɛtniŋ]
cable, wire	(en) sladd	[slad]
jack	(en) domkraft	['dumkraft]
spanner	(en) mutternyckel	['muttɛr'nykkeʌ]
hammer	(en) hammare	['hammarɛ]
pump	(en) pump	[pump]
screwdriver	(en) skruvmejsel	['skryvmejseʌ]
fire extinguisher	(en) brandsläckare	['brandslɛkkarɛ]
warning triangle	(en) varningstriangel	['varningstri'angeʌ]
to stall (vi)	att motorstopp	[at mu'tu:ʃ'tɔp]
stalling	(ett) stopp	[stɔp]

137

to be broken	att vara trasig	[at 'vara 'trasigʲ]
to overheat (vi)	att bli överhettad	[at bli øvɛrˈhettad]
to be clogged up	att bli igentäppt	[at bli ijenˈtɛpt]
to freeze up (pipes, etc.)	att frysa	[at 'frysa]
to burst (vi)	att spricka	[at 'sprikka]

pressure	(ett) tryck	[trykk]
level	(en) nivå	[niˈvɔ:]
slack (~ belt)	svag	[svag]

dent	(en) buckla	['bykkla]
abnormal noise (motor)	(en) knackning	['knaknɪŋ]
crack	(en) spricka	['sprikka]
scratch	(en) repa	['repa]

151. Cars. Road

road	(en) väg	[vɛg]
motorway	(en) bilväg	['biʎ'vɛg]
highway	(en) motorväg	['mutur'vɛg]
direction (way)	(en) riktning	['riktnɪŋ]
distance	(ett) avstånd	['avstɔ:nd]

bridge	(en) bro	[bru]
car park	(en) bilparkering	['biʎpa:'kɛrɪŋ]
square	(ett) torg	[tɔrʲj]
road junction	(en) vägknut	['vɛgknyt]
tunnel	(en) tunnel	['tuŋɛʎ]

petrol station	(en) bensinstation	[ben'sin sta'ʃun]
car park	(en) bilparkering	['biʎpa:'kɛrɪŋ]
petrol pump	(en) bensinmack	[ben'sinmak]
auto repair shop	(en) bilverkstad	['biʎvɛrks'tad]
to fill up	att tanka	[at 'taŋka]
fuel	(ett) bränsle	['brɛnslɛ]
jerrycan	(en) dunk	[duŋk]

asphalt	(en) asfalt	['asfaʎt]
road markings	(en) vägmarkering	['vɛ:gmar'kɛrɪŋ]
kerb	(en) trottoarkant	[trɔttu'ar'kant]
guardrail	(ett) vägräcke	['vɛgrɛkkɛ]
ditch	(ett) dike	['dike]
roadside	(en) vägkant	['vɛgkant]
lamppost	(en) stolpe	['stɔʎpɛ]

to drive (a car)	att köra bil	[at 'çøra biʎ]
to turn (~ to the left)	att svänga	[at 'svɛŋa]
to make a U-turn	att göra en u-sväng	[at 'jora ɛn 'jus'vɛŋ]
reverse	(en) backning	['baknɪŋ]

to honk (vi)	att tuta	[at 'tyta]
honk (sound)	(en) tuta	['tyta]
to get stuck	att fastna	[at 'fastna]
to spin (in mud)	att halka	[at 'haʎka]

to cut, to turn off	att stanna motorn	[at 'staŋa 'mutu:n]
speed	(en) hastighet	['hastighet]
to exceed the speed limit	att överstiga hastigheten	[at 'ɛweʃtiga hastig'heten]
to give a ticket	att bötfälla	[at bøt'fɛla]
traffic lights	(ett) trafikljus	[tra'fik 'jus]
driving licence	(ett) körkort	[ɕør'kɔ:t]
level crossing	(en) överkörsväg	[øvɛ:ɕøʃ'vɛg]
crossroads	(en) korsning	['kɔ:ʃniŋ]
zebra crossing	(ett) övergångsställe	[øvɛ:gɔ:ŋs 'stɛlle]
bend, curve	(en) kurva, krök	['kurva], ['krøk]
pedestrian precinct	(en) gånggata	['gɔ:ŋ'gata]

PEOPLE. LIFE EVENTS

Life events

152. Holidays. Event

celebration, holiday	(en) fest	[fest]
national day	(en) nationaldag	[natʃuˈnaʎ ˈdɑg]
public holiday	(en) festdag	[ˈfestdɑg]
to fete (celebrate)	att fira	[at ˈfirɑ]
event (happening)	(en) begivenhet	[beˈjɪwenhet]
event (organized activity)	(ett) evenemang	[ɛweneˈmɑŋ]
banquet (party)	(en) bankett	[baˈŋket]
reception (formal party)	(en) reception	[resepˈʃun]
feast	(ett) kalas	[kaˈlɑs]
anniversary	(en) årsdag	[ˈɔːʃdɑg]
jubilee	(ett) jubileum	[jubiˈleum]
to celebrate (vt)	att fira	[at ˈfirɑ]
New Year	(ett) Nyår	[ˈnyɔːr]
Happy New Year!	Gott Nytt År!	[gɔt nyt ˈɔːr]
Christmas	(en) jul	[juʎ]
Merry Christmas!	God Jul!	[gud ˈjuʎ]
Christmas tree	(en) julgran	[ˈjuʎgran]
fireworks	(en) salut	[saˈlyt]
wedding	(ett) bröllop	[ˈbrølɔp]
groom	(en) brudgum	[ˈbrydgym]
bride	(en) brud	[bryd]
to invite (vt)	att bjuda	[at ˈbjydɑ]
invitation card	(en) inbjudan	[ˈinbjydɑn]
guest	(en) gäst	[jest]
to visit (go to see)	att besöka	[at beˈsøkɑ]
to greet the guests	att ta emot gäster	[at ta ɛˈmut ˈjestɛr]
gift, present	(en) present	[preˈsent]
to give (sth as present)	att ge	[at jeː]
to receive gifts	att få presenter	[at fɔː preˈsentɛr]
bouquet (of flowers)	(en) bukett	[byˈket]
greetings (New Year ~)	(en) gratulation	[gratuʎaˈʃun]
to congratulate (vt)	att gratulera	[at graˈtulɛrɑ]
greetings card	(ett) gratulationskort	[gratuʎaˈʃuns ˈkɔːt]
to send a postcard	att skicka vykort	[at ˈʃikkɑ ˈvyˈkɔːt]

to get a postcard	att få vykort	[at fɔ: 'vy'kɔ:t]
toast	(en) skål	[skɔ:ʎ]
to offer (a drink, etc.)	att erbjuda	[at 'ɛr'bjyda]
champagne	(en) champagne	[ʃʌm'paɲ]
to have fun	att ha kul	[at ha kyʎ]
fun, merriment	(ett) nojs	[nɔjs]
joy (emotion)	(en) glädje	['glɛdje]
dance	(en) dans	[dans]
to dance (vi, vt)	att dansa	[at 'dansa]
waltz	(en) vals	[vaʎs]
tango	(en) tango	['tangu]

153. Funerals. Burial

cemetery	(en) kyrkogård	['ɕyrku'gɔ:d]
grave, tomb	(en) grav	[grav]
gravestone	(en) gravvård	['gravvɔ:d]
fence	(ett) staket	[sta'ket]
chapel	(ett) kapell	[ka'pɛʎ]
death	(en) död	['dø:d]
to die (vi)	att avlida	[at 'avlida]
the deceased	den avlidne	[den 'avlidnɛ]
mourning	(en) sorg	[sɔrʲj]
to bury (vt)	att begrava	[at beg'rava]
undertakers	(en) begravningsbyrå	[beg'ravniɲs 'byrɔ:]
funeral	(en) begravning	[beg'ravniɲ]
wreath	(en) krans	[krans]
coffin	(en) kista	['ɕista]
hearse	(en) likvagn	['likvangn]
shroud	(en) svepning	['swepniɲ]
cremation urn	(en) gravurna	[gra'wyrna]
crematorium	(ett) krematorium	[krema'turium]
obituary	(en) nekrolog	[nekru'lɔg]
to cry (weep)	att gråta	[at 'grɔ:ta]
to sob (vi)	att snyfta	[at 'snyfta]

154. War. Soldiers

platoon	(en) pluton	[ply'tun]
company	(ett) kompani	[kɔmpa'ni]
regiment	(ett) regemente	[rege'mentɛ]
army	(en) armé	[ar'me]
division	(en) division	[diwi'ʃun]
detachment	(en) trupp	[trup]

host (army)	(en) här	[hɛr]
soldier	(en) soldat	[suʎ'dat]
officer	(en) officer	[ɔffi'sɛr]

private	(en) menig	['menigʲ]
sergeant	(en) sergeant	[sɛr'ʃʌnt]
lieutenant	(en) löjtnant	['løjtnant]
captain	(en) kapten	[kap'ten]
major	(en) major	[ma'jur]
colonel	(en) överste	[øvɛ:ʃtɛ]
general	(en) general	[jenɛ'raʎ]

sailor	(en) sjöman	['ʃɔman]
captain	(en) kapten	[kap'ten]
boatswain	(en) båtsman	['bɔ:tsman]

artilleryman	(en) artillerist	[artillɛ'rist]
paratrooper	(en) fallskärmsjägare	['faʎʃɛ:ms 'jegarɛ]
pilot	(en) flygare	['flygarɛ]
navigator	(en) styrman	['styman]
mechanic	(en) mekaniker	[me'kanikɛr]

pioneer (sapper)	(en) pionjär	[piu'ɲʲær]
parachutist	(en) fallskärmshoppare	['faʎʃɛ:ms 'hɔparɛ]
scout	(en) spanare	['spanarɛ]
sniper	(en) krypskytt	['krypʃyt]

patrol (group)	(en) patrull	[pat'ryʎ]
to patrol (vt)	att patrullera	[at patryl'lɛra]
sentry, guard	(en) vakt	[vakt]

warrior	(en) krigare	['krigarɛ]
hero	(en) hjälte	['jəʎtɛ]
heroine	(en) hjältinna	[jəʎ'tiɲa]
patriot	(en) patriot	[patri'ut]

traitor	(en) förrädare	[fø:r'rɛdarɛ]
deserter	(en) desertör	[desɛr'tør]
to desert (vi)	att desertera	[at desɛr'tɛra]

mercenary	(en) legosoldat	['legusuʎ'dat]
recruit	(en) rekryt	[rek'ryt]
volunteer	(en) volontär	[vɔlɔn'tɛr]

dead	(en) mördad	['mø:dad]
wounded (n)	sårad	['sɔ:rad]
prisoner of war	(en) fånge	['fɔ:ɲe]

155. War. Military actions. Part 1

war	(ett) krig	[krigʲ]
to be at war	att vara i krig	[at 'vara i krigʲ]
civil war	(ett) inbördeskrig	['inbø:dɛsk'rigʲ]
treacherously (adv)	förrädiskt	[fø:r'rɛdiskt]

declaration of war	(en) förklaring	[føːkˈlɑrin]
to declare (~ war)	att förklara	[at føːkˈlɑra]
aggression	(en) aggression	[aggreˈʃun]
to attack (invade)	att anfalla	[at ˈanˈfɑlɑ]

to invade (vt)	att invadera	[at invanˈdɛra]
invader	(en) erövrare	[ˈɛrøvrɑrɛ]
conqueror	(en) erövrare	[ˈɛrøvrɑrɛ]

defence	(ett) försvar	[føːʃˈvɑr]
to defend (a country, etc.)	att försvara	[at føːʃˈvɑra]
to defend oneself	att försvara sig	[at føːʃˈvɑra sɛj]

enemy	(en) fiende	[ˈfiendɛ]
foe, adversary	(en) motståndare	[ˈmuʦˈtɔːndɑrɛ]
enemy (as adj)	fiende-	[ˈfiende]

| strategy | (en) strategi | [strateˈʃi] |
| tactics | (en) taktik | [takˈtik] |

order	(en) order	[ˈɔːdɛr]
command (order)	(en) kommando	[kumˈmandu]
to order (vt)	att ge order	[at je ˈɔːdɛr]
mission	(ett) uppdrag	[ˈupdrɑg]
secret (adj)	hemlig	[ˈhemligʲ]

| battle | (ett) slag | [slɑg] |
| combat | (en) strid | [strid] |

attack	(ett) anfall	[ˈanfaʎ]
storming (assault)	(en) stormning	[ˈstɔrmniŋ]
to storm (vt)	att storma	[at ˈstɔrma]
siege (to be under ~)	(en) belägring	[beˈlɛgriŋ]

| offensive (n) | (en) offensiv | [ɔffenˈsiv] |
| to go on the offensive | att gå på offensiven | [at gɔː pɔː ɔffenˈsiwen] |

| retreat | (en) reträtt | [retˈrɛt] |
| to retreat (vi) | att retirera | [at retiˈrɛra] |

| encirclement | (en) omringning | [ˈɔmriŋiŋ] |
| to encircle (vt) | att omringa | [at ˈɔmriŋa] |

bombing (by aircraft)	(en) bombning	[ˈbɔmbniŋ]
to drop a bomb	att släppa en bomb	[at ˈslɛpa ɛn bɔmb]
to bomb (vt)	att bomba	[at ˈbɔmba]
explosion	(en) explosion	[ɛksplɔˈʃun]

shot	(ett) skott	[skɔt]
to fire a shot	att skjuta	[at ˈʃyta]
shooting	(ett) skjutande	[ˈʃytandɛ]

to take aim (at …)	att sikta	[at ˈsikta]
to point (a gun)	att rikta	[at ˈrikta]
to hit (the target)	att träffa	[at ˈtrɛffa]
to sink (~ a ship)	att sänka	[at ˈsɛŋka]

hole (in a ship)	(en) läcka	['lɛkka]
to founder, to sink (vi)	att sjunka	[at 'ʃuŋka]
front (at war)	(en) front	[frɔnt]
rear (homefront)	(den) bakom front	['bakum frɔnt]
evacuation	(en) evakuering	[ɛvaky'ɛriŋ]
to evacuate (vt)	att evakuera	[at ɛvaky'ɛra]
trench	(en) skyttegrav	['ʃyttegrav]
barbed wire	(en) taggtråd	['taggt'rɔːd]
barrier (anti tank ~)	(en) skyttegrav	['ʃyttegrav]
watchtower	(ett) torn	[tuːn]
hospital	(ett) hospital	[huspi'taʎ]
to wound (vt)	att såra	[at 'sɔːra]
wound	(ett) sår	[sɔːr]
wounded (n)	sårad	['sɔːrad]
to be injured	att ha ett sår	[at ha ɛt sɔːr]
serious (wound)	allvarligt	[aʎ'vaːligt]

156. Weapons

weapons	(ett) vapen	['vapɛn]
firearm	(ett) skjutvapen	['ʃyt'vapen]
cold weapons (knives, etc.)	(ett) blank vapen	['blaŋkvapen]
chemical weapons	(ett) kemiskt vapen	['ɕəmiskt 'vapen]
nuclear (adj)	kärn-	[ɕəːn]
nuclear weapons	(ett) kärnvapen	['ɕəːn'vapen]
bomb	(en) bomb	[bɔmb]
atomic bomb	(en) atombomb	[a'tɔm'bɔmb]
pistol (gun)	(en) pistol	[pis'tuʎ]
rifle	(ett) gevär	[je'vɛr]
submachine gun	(ett) automatvapen	[autɔ'mat'vapen]
machine gun	(ett) maskingevär	[ma'ʃinje'vɛr]
muzzle	(en) mynning	['myŋiŋ]
barrel	(en) vals	[vaʎs]
calibre	(en) kaliber	[ka'libɛr]
trigger	(en) avtryckare	['avt'rykkarɛ]
sight (aiming device)	(ett) sikte	['siktɛ]
magazine	(ett) magasin	[maga'sin]
butt (of rifle)	(en) kolv	[kɔʎv]
hand grenade	(en) granat	[gra'nat]
explosive	(ett) sprängämne	['sprɛŋɛmnɛ]
bullet	(en) kula	['kyla]
cartridge	(en) patron	['patrun]
charge	(en) laddning	['ladniŋ]
ammunition	(en) ammunition	[ammuni'ʃun]

bomber (aircraft)	(ett) bombplan	['bɔmbplan]
fighter	(ett) jaktplan	['jaktplan]
helicopter	(en) helikopter	[heli'kɔptɛr]

anti-aircraft gun	(en) luftvärnskanon	['lyftvɛrns ka'nun]
tank	(en) stridsvagn	['stridsvangn]
tank gun	(en) kanon	[ka'nun]

| artillery | (ett) artilleri | [artillɛ'ri] |
| to lay (a gun) | att sikta | [at 'sikta] |

shell (projectile)	(en) patron	['patrun]
mortar bomb	(en) mina	['mina]
mortar	(en) granatkastare	[gra'nat'kastarɛ]
splinter (of shell)	(en) skärva	['ʃɛrva]

submarine	(en) ubåt	['jubɔːt]
torpedo	(en) torped	[tɔr'ped]
missile	(en) robot, (en) missil	['rɔbɔt], [mis'siʎ]

to load (gun)	att ladda	[at 'ladda]
to shoot (vi)	att skjuta	[at 'ʃyta]
to take aim (at ...)	att sikta	[at 'sikta]
bayonet	(en) bajonett	[baju'net]

epee	(en) värja	['vɛrja]
sabre (e.g. cavalry ~)	(en) sabel	['sabeʎ]
spear (weapon)	(ett) spjut	[spjyt]
bow	(en) båge	['bɔːgɛ]
arrow	(en) pil	[piʎ]
musket	(en) musköt	[mus'køt]
crossbow	(ett) armborst	['armbɔːʃt]

157. Ancient people

primitive (prehistoric)	urinnevånare	[u'riŋe'vɔːnarɛ]
prehistoric (adj)	förhistorisk	[fø:his'turisk]
ancient (~ civilization)	forn, forntida	[fuːn], [fuːn'tida]

Stone Age	(en) stenåldern	['stenɔːʎdɛrn]
Bronze Age	(en) bronsålder	['brɔnsɔːʎdɛr]
Ice Age	(en) istid	['istid]

tribe	(en) stam	[stam]
cannibal	(en) kannibal	[kaɲi'baʎ]
hunter	(en) jägare	['jəgarɛ]
to hunt (vi, vt)	att jaga	[at 'jaga]
mammoth	(en) mammut	['mammut]

cave	(en) grotta	['grɔtta]
fire	(en) eld	[ɛʎd]
campfire	(ett) bål	[bɔːʎ]
rock painting	(en) hällristning	['hɛʎ'ristniŋ]
tool (e.g. stone axe)	(ett) verktyg	['vɛrktyg]

spear	(ett) spjut	[spjyt]
stone axe	(en) stenyxa	['stenyksɑ]
to be at war	att strida, vara i krig	[at 'strida], ['vara i krigⁱ]
to domesticate (vt)	att tämja	[at 'tɛmja]

idol	(en) idol	[i'dɔʎ]
to worship (vt)	att dyrka	[at 'dyka]
superstition	(en) vidskepelse	['wid'ʃəpɛʎsɛ]

evolution	(en) evolution	[ɛvuly'ʃun]
development	(en) utveckling	['jutweklin]
disappearance	(ett) försvinnande	[fø:ʃ'winandɛ]
to adapt oneself	att anpassa sig	[at an'passa sɛj]

archaeology	(en) arkeologi	[arkeulɔ'gi]
archaeologist	(en) arkeolog	[arkeu'lɔg]
archaeological (adj)	arkeologisk	[arkeu'lɔgisk]

excavation site	(en) utgrävningsplats	['jutgrɛvnins plats]
excavations	(en) utgrävningar	['jutgrɛvninar]
find (object)	(ett) fynd	['fynd]
fragment	(ett) fragment	[frag'ment]

158. Middle Ages

people (population)	(ett) folk	[fɔʎk]
peoples	folk	[fɔʎk]
tribe	(en) stam	[stam]
tribes	stammar	['stammar]

barbarians	barbarer	[bar'barɛr]
Gauls	galler	['gallɛr]
Goths	goter	['gutɛr]
Slavs	slavar	['slavar]
Vikings	vikingar	['wikinar]

| Romans | romare | ['rumarɛ] |
| Roman (adj) | romersk | ['rume:ʃk] |

Byzantines	bysantiner	[bysan'tinɛr]
Byzantium	Bysans	['bysans]
Byzantine (adj)	bysantinsk	[bysan'tinsk]

emperor	(en) kejsare	['ɕejsarɛ]
leader, chief	(en) hövding	['høvdin]
powerful (~ king)	mäktig	['mɛktigⁱ]
king	(en) kung	[kun]
ruler (sovereign)	(en) regent	[re'jent]

knight	(en) riddare	['riddarɛ]
knightly (adj)	ridderlig	['riddɛrligⁱ]
feudal lord	(en) feodalherre	[feu'dal'hɛrrɛ]
feudal (adj)	feodal-	[feu'daʎ]
vassal	(en) vasall	[va'saʎ]

duke	(en) hertig	['hɛrtigʲ]
earl	(en) greve	['grevɛ]
baron	(en) baron	[baˈrun]
bishop	(en) biskop	['biskɔp]

armour	(en) rustning	['rystniŋ]
shield	(en) sköld	['ʃɔʎd]
sword	(ett) svärd	[svɛ:d]
visor	(ett) visir	[wiˈsir]
chain armour	(en) ringbrynja	['riŋbˈryŋja]

crusade	(ett) korståg	['kɔ:ʃtɔg]
crusader	(en) korsfarare	['kɔ:ʃfa:rarɛ]

territory	(ett) territorium	['tɛrriˈturium]
to attack (invade)	att angripa	[at ˈangripa]
to conquer (vt)	att erövra	[at ɛˈrøvra]
to occupy (invade)	att ockupera	[at ɔkkuˈpɛra]

siege (to be under ~)	(en) belägring	[beˈlɛgriŋ]
besieged (adj)	belägrad	[beˈlɛgrad]
to besiege (vt)	att belägra	[at beˈlɛgra]

inquisition	(en) inkvisition	[iŋkwisiˈʃun]
inquisitor	(en) inkvisitor	[iŋkwiˈsitur]
torture	(en) tortyr	[turˈtyr]
cruel (adj)	brutal	[bryˈtaʎ]
heretic	(en) kättare	['ɕettarɛ]
heresy	(ett) kätteri	[ɕettɛˈri]

seafaring	(en) sjöfart	['ʃɔfa:t]
pirate	(en) pirat	[piˈrat]
piracy	(ett) sjöröveri	['ʃɔˈrøvɛri]
boarding (attack)	(en) äntring	['ɛntriŋ]
loot, booty	(ett) byte	['by:tɛ]
treasures	dyrbarheter	['dyrbarˈhetɛr]

discovery	(en) upptäckt	['uptɛkt]
to discover (new land, etc.)	att upptäcka	[at ˈuptɛkka]
expedition	(en) expedition	[ɛkspediˈʃun]

musketeer	(en) musketör	[myskeˈtør]
cardinal	(en) kardinal	[ka:diˈnaʎ]
heraldry	(en) heraldik	[hɛraʎˈdik]
heraldic (adj)	heraldisk	[hɛˈraʎdisk]

159. Leader. Chief. Authorities

king	(en) kung	[kuŋ]
queen	(en) drottning	['drɔttniŋ]
royal (adj)	kunglig	['kuŋligʲ]
kingdom	(ett) kungarike	['kuŋarikɛ]
prince	(en) prins	[prins]
princess	(en) prinsessa	[prinˈsessa]

president	(en) president	[presi'dent]
vice-president	(en) vicepresident	['wisepresi'dent]
senator	(en) senator	[se'natur]

monarch	(en) monark	[mu'nark]
ruler (sovereign)	(en) regent	[re'jent]
dictator	(en) diktator	[dik'tatur]
tyrant	(en) tyrann	[ti'raŋ]
magnate	(en) magnat	[mang'nat]

director	(en) direktör	[direk'tør]
chief	(en) chef	[ʃɛf]
manager (director)	(en) direktör	[direk'tør]
boss	(en) boss	[bɔss]
owner	(en) ägare	['ɛgarɛ]

head (~ of delegation)	(en) ledare	['ledarɛ]
authorities	myndigheter	['myndig'hetɛr]
superiors	(en) överhet	[øvɛ:het]

governor	(en) guvernör	[gyvɛr'nør]
consul	(en) konsul	['kɔnsuʎ]
diplomat	(en) diplomat	[diplu'mat]
mayor	(en) borgmästare	['bɔrʲj'mɛstarɛ]
sheriff	(en) sheriff	[ʃɛ'rif]

emperor	(en) kejsare	['ɕejsarɛ]
tsar, czar	(en) tsar	[tsar]
Pharaoh	(en) farao	['farau]
khan	(en) kan	[kan]

160. Breaking the law. Criminals. Part 1

bandit	(en) bandit	[ban'dit]
crime	(ett) brott	[brɔt]
criminal (person)	(en) förbrytare	[fø:b'rytarɛ]

thief	(en) tjuv	[ɕyv]
to steal (vi, vt)	att stjäla	[at 'ʃɛla]
stealing (larceny)	(ett) tjuveri	[ɕyvɛ'ri]
theft	(en) stöld	['støʎd]

to kidnap (vt)	att kidnappa	[at kid'napa]
kidnapping	(en) kidnapping	['kidnapiŋ]
kidnapper	(en) kidnappare	['kidnaparɛ]

ransom	(en) lösesumma	['lønesymma]
to demand ransom	att kräva lösesumma	[at 'krɛva 'lønesymma]

to rob (vt)	att råna	[at 'rɔ:na]
robbery	(ett) rån	[rɔ:n]
robber	(en) rånare	['rɔ:narɛ]
to extort (vt)	att pressa ut	[at 'pressa jut]
extortionist	(en) utpressare	['jutp'ressarɛ]

extortion	(en) utpressning	['jutp'resniŋ]
to murder, to kill	att döda, mörda	[at 'døda], ['mø:da]
murder	(ett) mord	[mu:d]
murderer	(en) mördare	['mø:darɛ]

gunshot	(ett) skott	[skɔt]
to fire a shot	att skjuta	[at 'ʃyta]
to shoot down	att skjuta ner	[at 'ʃyta nɛr]
to shoot (vi)	att skjuta	[at 'ʃyta]
shooting	(ett) skjutande	['ʃytandɛ]

incident (fight, etc.)	(en) händelse	['hɛndeʎsɛ]
fight, brawl	(ett) slagsmål	['slaksmɔ:ʎ]
Help!	Hjälp!	[jəʎp]
victim	(ett) offer	['ɔffɛr]

to damage (vt)	att skada	[at 'skada]
damage	(en) skadegörelse	['skɔdejoreʎsɛ]
dead body	(ett) lik	[lik]
grave (~ crime)	allvarligt	[aʎ'va:ligt]

to attack (vt)	att anfalla	[at 'an'fala]
to beat (dog, person)	att slå	[at slɔ:]
to beat up	att prygla	[at 'prygla]
to take (snatch)	att råna	[at 'rɔ:na]

to stab to death	att skära ihjäl	[at 'ʃɛra i'jəʎ]
to maim (vt)	att stympa	[at 'stympa]
to wound (vt)	att såra	[at 'sɔ:ra]

blackmail	(en) utpressning	['jutp'resniŋ]
to blackmail (vt)	att utpressa	[at 'jutp'ressa]
blackmailer	(en) utpressare	['jutp'ressarɛ]

protection racket	(en) utpressning	['jutp'resniŋ]
racketeer	(en) utpressare	['jutp'ressarɛ]
gangster	(en) gangster	['gangstɛr]
mafia	(en) maffia	['maffia]

pickpocket	(en) ficktjuv	['fikçyv]
burglar	(en) inbrottstjuv	['inbrɔttsçyv]
smuggling	(en) smuggling	['smyggliŋ]
smuggler	(en) smugglare	['smygglarɛ]

forgery	(en) förfalskning	[fø:'faʎskniŋ]
to forge (counterfeit)	att förfalska	[at fø:'faʎska]
fake (forged)	falsk	[faʎsk]

161. Breaking the law. Criminals. Part 2

rape	(en) våldtäkt	['vɔ:ʎdtɛkt]
to rape (vt)	att våldta	[at 'vɔ:ʎdta]
rapist	(en) våldtäktsman	['vɔ:ʎdtɛktsman]
maniac	(en) maniker	['manikɛr]

prostitute (fem.)	(en) prostituerad	[prɔstitu'ɛrad]
prostitution	(en) prostitution	[prɔstity'ʃun]
pimp	(en) hallik	['halik]

drug addict	(en) narkoman	[narku'man]
drug dealer	(en) langare	['laŋarɛ]

to blow up (bomb)	att spränga	[at 'sprɛŋa]
explosion	(en) explosion	[ɛksplɔ'ʃun]

to set fire	att antända	[at 'antɛnda]
incendiary (arsonist)	(en) pyroman	['pyrɔman]

terrorism	(en) terrorism	[tɛrru'rism]
terrorist	(en) terrorist	[tɛrru'rist]
hostage	(en) gisslan	['jısslan]

to swindle (vt)	att bedra	[at 'bedra]
swindle	(en) bedrägeri	[bedrɛgɛ'ri]
swindler	(en) bedragare	[bed'ragarɛ]

to bribe (vt)	att muta	[at 'myta]
bribery	(en) muta	['myta]
bribe	(en) muta	['myta]

poison	(en) gift	[jıft]
to poison (vt)	att förgifta	[at føːr'jıfta]
to poison oneself	att förgifta sig själv	[at føːr'jıfta sɛj ʃɛʎv]

suicide (act)	(ett) självmord	['ʃɛʎvmuːd]
suicide (person)	(en) självmördare	['ʃɛʎvmøːdarɛ]

to threaten (vt)	att hota	[at 'huta]
threat	(ett) hot	[hut]

to make an attempt	att göra ett mordförsök	[at jora et 'muːdføːʃɔk]
attempt (attack)	(ett) mordförsök	['muːdføːʃɔk]

to steal (a car)	att kapa	[at 'kapa]
to hijack (a plane)	att kapa	[at 'kapa]

revenge	(en) hämnd	[hɛmnd]
to avenge (vt)	att hämnas	[at 'hɛmnas]

to torture (vt)	att tortera	[at tur'tɛra]
torture	(en) tortyr	[tur'tyr]
to abuse (treat cruelly)	att plåga	[at 'plɔːga]

pirate	(en) pirat	[pi'rat]
hooligan	(en) buse	['bysɛ]

armed (adj)	beväpnad	[be'vɛpnad]
violence	(ett) våld	[vɔːʎd]

spying (n)	(ett) spioneri	[spiunɛ'ri]
to spy (vi)	att spionera	[at spiu'nɛra]

162. Police. Law. Part 1

justice	(en) dom	[dum]
court (court room)	(en) domstol	['dumstuʌ]
judge	(en) domare	['dumɑrɛ]
jurors	(en) jury	['juri]
jury trial	(en) juryrättegång	['jurirɛttɛ'gɔ:ŋ]
to judge (vt)	att döma	[at 'døma]
lawyer, barrister	(en) advokat	[advu'kɑt]
accused	(en) anklagad	['aŋklagad]
dock	(en) anklagades bänk	[aŋk'lagades bɛŋk]
charge	(en) anklagelse	[aŋk'lageʌsɛ]
accused	den anklagade	[den aŋk'lagadɛ]
sentence	(en) dom	[dum]
to sentence (vt)	att döma	[at 'døma]
guilty (culprit)	(en) skyldig	['ʃyʌdigʲ]
to punish (vt)	att straffa	[at 'straffa]
punishment	(ett) straff	[straf]
fine (penalty)	bot	[bɔt]
life imprisonment	(ett) livstids fängelse	['livstids 'fɛŋeʌsɛ]
death penalty	(ett) dödsstraff	[dødsst'raf]
electric chair	(den) elektriska stolen	[ɛlekt'riska 'stulen]
gallows	(en) galge	['gaʌje]
to execute (vt)	att avrätta	[at 'av'retta]
execution	(en) avrättning	['av'rettniŋ]
prison, jail	(ett) fängelse	['fɛŋeʌsɛ]
cell	(en) cell	[sɛʌ]
escort	(en) eskort	[ɛs'kɔt]
prison officer	(en) övervakare	[øvɛrvakarɛ]
prisoner	(en) fånge	['fɔ:ŋe]
handcuffs	handbojor	['handbɔjur]
to handcuff (vt)	att sätta på handbojor	[at 'sɛtta pɔ: 'handbɔjur]
prison break	(en) rymning	['rymniŋ]
to break out (vi)	att rymma	[at 'rymma]
to disappear (vi)	att försvinna	[at fø:ʃ'wiŋa]
to release (from prison)	att frige	[at fri'je]
amnesty	(en) amnesti	[amnes'ti]
police	(en) polis	[pu'lis]
policeman	(en) polis	[pu'lis]
police station	(en) polisstation	[pu'lissta'ʃun]
truncheon	(en) gummibatong	['gymmiba'tɔŋ]
loudspeaker	(en) megafon	[mega'fɔn]
patrol car	(en) patrullbil	[pat'ryʌ'biʌ]

siren	(en) siren	[si'ren]
to turn on the siren	att slå på sirenen	[at slɔ: 'pɔ: si'renɛn]
siren call	(ett) siren tjut	[si'ren ɕyt]

scene of the crime	(en) brottsplats	['brɔtsplats]
witness	(ett) vittne	['wittnɛ]
freedom	(en) frihet	['frihet]
accomplice	(en) medskyldig	['med'ʃyʎdigʲ]
to flee (vi)	att försvinna	[at fø:ʃ'wiŋa]
trace (to leave a ~)	(ett) spår	[spɔ:r]

163. Police. Law. Part 2

search (for a criminal)	(en) undersökning	['undɛ:ʃɔkniŋ]
to look for ...	att leta efter	[at 'leta 'ɛftɛr]
suspicion	(en) misstanke	['misstaŋke]
suspicious (suspect)	misstänksam	['misstɛŋk'sam]
to stop (cause to halt)	att stanna	[at 'staŋa]
to detain (keep in custody)	att anhålla	[at 'anhɔ:la]

case (lawsuit)	(en) rättegång	['rɛttɛ'gɔ:ŋ]
investigation	(en) utredning	['jut'redniŋ]
detective	(en) detektiv	[detek'tiv]
investigator	(en) utredare	['jut'redarɛ]
version	(en) version	[vɛ:r'ʃun]

motive	(ett) motiv, skäl	[mu'tiv], [ʃɛʎ]
interrogation	(ett) förhör	['fø:'hør]
to interrogate (vt)	att förhöra	[at 'fø:'høra]
to question (vt)	att förhöra	[at 'fø:'høra]
checking (police ~)	(en) kontroll	[kɔnt'rɔʎ]

round-up	(en) razzia	[rassia]
search (~ warrant)	(en) rannsakan	['raŋ'sakan]
chase (pursuit)	(en) jakt	[jakt]
to pursue, to chase	att förfölja	[at 'fø:'føʎja]
to track (a criminal)	att spåra	[at 'spɔ:ra]

arrest	(en) arrest	[ar'rest]
to arrest (sb)	att arrestera	[at arres'tɛra]
to catch (thief, etc.)	att fånga	[at 'fɔ:ŋa]

document	(ett) dokument	[duky'ment]
proof (evidence)	(ett) bevis	[be'wis]
to prove (vt)	att bevisa	[at be'wisa]
footprint	(ett) spår	[spɔ:r]
fingerprints	(ett) fingeravtryck	['fiŋɛravt'ryk]
piece of evidence	(ett) bevis	[be'wis]

alibi	(ett) alibi	['alibi]
innocent (not guilty)	oskyldig	['uʃyldigʲ]
injustice (unjust act)	(en) orättvisa	['urɛttwisa]
unjust, unfair (adj)	orättvis	['urɛttwis]
crime (adj)	kriminell	[krimi'neʎ]

to confiscate (vt)	att konfiskera	[at kɔnfis'kɛra]
drug (illegal substance)	(en) drog	[drɔg]
weapon, gun	(ett) vapen	['vapɛn]
to disarm (vt)	att avväpna	[at 'avvɛpna]
to order (command)	att ge order	[at je 'ɔ:dɛr]
to disappear (vi)	att försvinna	[at fø:ʃ'wiŋa]

law	(en) lag	[lag]
legal (adj)	laglig	['laglig]
illegal (adj)	olaglig	['u'laglig]

responsibility	(ett) ansvar	['ansvar]
responsible (adj)	ansvarig	['ansvarig]

NATURE

The Earth. Part 1

164. Outer space

cosmos	(en) rymd	[rymd]
space (as adj)	rymd-	[rymd]
outer space	(en) rymd	[rymd]
universe	(ett) universum	[uni'vɛ:ʃym]
galaxy	(en) galax	[gɑ'lɑks]
star	(en) stjärna	['ʃɛ:nɑ]
constellation	(en) stjärnbild	['ʃɛ:nbiʌd]
planet	(en) planet	[plɑ'net]
satellite	(en) satellit	[sɑte'lit]
meteorite	(en) meteorit	[meteu'rit]
comet	(en) komet	[ku'met]
asteroid	(en) asteroid	[astɛru'id]
orbit	(en) bana	['bɑnɑ]
to rotate (vi)	att rotera	[at ru'tɛrɑ]
atmosphere	(en) atmosfär	[atmɔs'fɛr]
the Sun	(en) sol	[suʌ]
solar system	(ett) solsystem	['suʌsis'tem]
solar eclipse	(en) solförmörkelse	['suʌførmørkeʌsɛ]
the Earth	jorden	['ju:dɛn]
the Moon	Månen	['mɔ:nen]
Mars	Mars	[mɑ:ʃ]
Venus	Venus	['vɛ:nus]
Jupiter	Jupiter	['jupitɛr]
Saturn	Saturnus	[sɑ'tyrnus]
Mercury	Merkurius	[mɛr'kyrius]
Uranus	Uranus	[ju'rɑnus]
Neptune	Neptunus	[nep'tunus]
Pluto	Pluto	['plytu]
Milky Way	Vintergatan	['wintɛ: 'gɑtɑn]
Great Bear	Stora bjornen	['sturɑ 'bjo:nɛn]
North Star	Polstjärnan	['puʌʃɛ:nɑn]
Martian	(en) marsian	[mɑ:ʃi'ɑn]
extraterrestrial	(en) utomjordisk	['jutɔm'ju:disk]

| alien | (en) utomjording | ['jutɔm'ju:diŋ] |
| flying saucer | (ett) flygande tefat | ['flygɑnde 'tefɑt] |

spaceship	(ett) rymdskepp	['rymdʃɛp]
space station	(en) rymdstation	['rymdstɑ'ʃun]
blast-off	(en) start	[stɑrt]

engine	(en) motor	['mutur]
nozzle	(ett) munstycke	['muns'tykke]
fuel	(ett) bränsle	['brɛnslɛ]

cockpit, flight deck	(en) hytt	[hyt]
aerial	(en) antenn	[ɑn'teŋ]
porthole	(ett) kabinfönster	[kɑ'binfønstɛr]
solar battery	(ett) solbatteri	['suʌbɑttɛ'ri]
spacesuit	(en) rymddräkt	['rymd'rɛkt]

| weightlessness | (en) tyngdlöshet | ['tyŋdløs'het] |
| oxygen | (ett) syre | ['syrɛ] |

| docking (in space) | (en) dockning | ['dɔkniŋ] |
| to dock (vi, vt) | att landa | [ɑt 'lɑndɑ] |

observatory	(ett) observatorium	[ɔbsɛrvɑ'turium]
telescope	(ett) teleskop	[teles'kɔp]
to observe (vt)	att observera	[ɑt 'ɔbsɛr'vɛrɑ]
to explore (vt)	att utforska	[ɑt 'jutfɔ:ʃkɑ]

165. The Earth

the Earth	jorden	['ju:dɛn]
globe (the Earth)	(ett) jordklot	['ju:dklut]
planet	(en) planet	[plɑ'net]

atmosphere	(en) atmosfär	[ɑtmɔs'fɛr]
geography	(en) geografi	[jeugrɑ'fi]
nature	(en) natur	[nɑ'ty:r]

globe (table ~)	(en) glob	[glyb]
map	(en) karta	['kɑrtɑ]
atlas	(en) atlas	['ɑtlɑs]

| Europe | Europa | [eu'rupɑ] |
| Asia | Asien | ['ɑsien] |

| Africa | Afrika | ['ɑfrikɑ] |
| Australia | Australien | [aust'rɑlien] |

America	Amerika	[ɑ'mɛrikɑ]
North America	Nordamerika	['nu:dɑ'mɛrikɑ]
South America	Sydamerika	[sydɑ'mɛrikɑ]

| Antarctica | Antarktis | [ɑn'tɑrktis] |
| the Arctic | Arktis | ['ɑrktis] |

166. Cardinal directions

north	norr	[nɔrr]
to the north	norrut	['nɔrryt]
in the north	i norr	[i 'nɔrr]
northern (adj)	norra	[nɔrrɑ]

south	(en) söder	['sødɛr]
to the south	söderut	['sødɛryt]
in the south	i söder	[i 'sødɛr]
southern (adj)	syd-, söder	[syd], ['sødɛr]

west	(en) väst	[vɛst]
to the west	västerut	['vɛstɛryt]
in the west	i väst	[i vɛst]
western (adj)	västra	['vɛstrɑ]

east	(en) öster	['ɛstɛr]
to the east	österut	['ɛstɛryt]
in the east	i öst	[i 'ɛst]
eastern (adj)	östra	['ɛstrɑ]

167. Sea. Ocean

sea	(ett) hav	[hɑv]
ocean	(en) ocean	[use'an]
gulf (bay)	(en) bukt	[bukt]
straits	(ett) sund	[sund]

dry land	(ett) land	[lɑnd]
continent (mainland)	(ett) fastland	['fastlɑnd]
island	(en) ö	[ø]
peninsula	(en) halvö	['hɑlwø]
archipelago	(en) skärgård	['ʃɛr'gɔːd]

bay	(en) bukt	[bukt]
harbour	(en) hamn	[hɑmn]
lagoon	(en) lagun	[lɑ'gyn]
cape	(en) udde	['uddɛ]

atoll	(en) atoll	[ɑ'tɔʎ]
reef	(ett) rev	[rev]
coral	(en) korall	[kɔ'rɑʎ]
coral reef	(ett) korallrev	[kɔ'rɑʎ'rev]

deep (adj)	djup	[juːp]
depth (deep water)	(ett) djup	['juːp]
abyss	(en) avgrund	['ɑvgrynd]
trench (e.g. Mariana ~)	(en) svacka	['svɑkkɑ]

current, stream	(en) ström	['strøm]
to surround (bathe)	att omge	[at 'omʲje]
shore	(en) kust	[kust]

coast	(en) kust	[kust]
high tide	(en) flod	[flyd]
low tide	(en) ebb	[ebb]
sandbank	(en) sandbank	['sandbaŋk]
bottom	(en) botten	['bɔtten]

wave	(en) våg	[vɔ:g]
crest (~ of a wave)	(en) vågkam	['vɔ:gkam]
froth (foam)	(ett) skum	[skum]

hurricane	(en) orkan	[ɔr'kan]
tsunami	(en) tsunami	[ʦu'nami]
calm (dead ~)	(en) stiltje	['stiʎtje]
quiet, calm (adj)	fridfull	['fridfyʎ]

| pole | (en) pol | [puʎ] |
| polar (adj) | pol-, polar- | [puʎ], [pu'lar] |

latitude	(en) latitud	[lati'tyd]
longitude	(en) longitud	[lɔngi'tyd]
parallel	(en) parallell	[paral'leʎ]
equator	(en) ekvator	[ɛk'vatur]

sky	(en) himmel	['himmeʎ]
horizon	(en) horisont	[huri'sɔnt]
air	(en) luft	[lyft]

lighthouse	(en) fyr	[fyr]
to dive (vi)	att dyka	[at 'dyka]
to sink (ab. boat)	att sjunka	[at 'ʃuŋka]
treasures	dyrbarheter	['dyrbar'hetɛr]

168. Mountains

mountain	(ett) berg	[bɛrʲj]
mountain range	(en) bergskedja	['bɛrʲjsɕedja]
mountain ridge	(en) bergsrygg	['bɛrʲjryg]

summit, top	(en) topp	[tɔp]
peak	(en) bergspets	['bɛrʲjspeʦ]
foot (of mountain)	(en) bergsfot	['bɛrʲjs'fut]
slope (mountainside)	(en) sluttning	['slyttniŋ]

volcano	(en) vulkan	[wyʎ'kan]
active volcano	(en) verksam vulkan	['vɛrksam wyʎ'kan]
dormant volcano	(en) slocknad vulkan	['slɔknad wyʎ'kan]

eruption	(ett) utbrott	['jutbrɔt]
crater	(en) krater	['kratɛr]
magma	(en) magma	['magma]
lava	(en) lava	['lava]
molten (~ lava)	glödgad	['glødgad]
canyon	(en) kanjon	[ka'ɲʲun]
gorge	(en) klyfta	['klyfta]

crevice	(en) skreva	['skreva]
pass, col	(ett) pass	[pass]
plateau	(en) platå	[pla'tɔ:]
cliff	(en) klippa	['klipa]
hill	(en) kulle	['kullɛ]

glacier	(en) glaciär	[glasi'ɛr]
waterfall	(ett) vattenfall	['vattɛn'faʎ]
geyser	(en) gejser	['gɛjsɛr]
lake	(en) sjö	['ʃɔ:]

plain	(en) slätt	[slɛt]
landscape	(ett) landskap	['lanskap]
echo	(ett) eko	['ɛku]

alpinist	(en) alpinist	['aʎpi'nist]
rock climber	(en) bergsbestigare	['bɛrjsbes'tigarɛ]
to conquer (in climbing)	att besegra	[at be'segra]
climb (an easy ~)	(en) bestigning	[bes'tigniŋ]

169. Rivers

river	(en) älv, (en) flod	[ɛʎv], [flud]
spring (natural source)	(en) källa	['ɕəla]
riverbed	(ett) flodlopp	['fludlɔp]
basin	(en) flodbassäng	['fludbassɛŋ]
to flow into ...	att mynna ut ...	[at 'myŋa jut]

tributary	(en) biflod	['biflud]
bank (of river)	(en) strand	[strand]

current, stream	(en) ström	['strøm]
downstream (adv)	nedströms	['nedstrøms]
upstream (adv)	uppströms	['upstrøms]

flood	(en) översvämning	[øvɛːʃ'vɛmniŋ]
flooding	(en) vårflod	['vɔ:rflud]
to overflow (vi)	att svämma över	[at 'svɛmma 'ɛvɛr]
to flood (vt)	att översvämma	[at øvɛːʃ'vɛmma]

shallows (shoal)	(ett) grund	[grynd]
rapids	(en) tröskel	['trøskeʎ]

dam	(en) damm	[damm]
canal	(en) kanal	[ka'naʎ]
reservoir (artificial lake)	(ett) vattenmagasin	['vattɛnmaga'sin]
sluice, lock	(en) sluss	[slyss]

water body (pond, etc.)	(en) vattensamling	['vattɛn'samliŋ]
swamp, bog	(ett) träsk	[trɛsk]
marsh	(en) mosse	['mɔssɛ]
whirlpool	(en) strömvirvel	[strøm'wirweʎ]
stream (brook)	(en) bäck	[bɛkk]
drinking (ab. water)	dricks-	[drikks]

fresh (~ water)	**fadd**	[fɑdd]
ice	**(en) is**	[is]
to ice over	**att frysa till**	[at 'frysa tiʎ]

170. Forest

| forest | **(en) skog** | [skug] |
| forest (as adj) | **skogs-** | [skugs] |

thick forest	**(en) tät skog**	[tɛt skug]
grove	**(en) lund, dunge**	[lund], ['duŋe]
clearing	**(en) glänta**	[glɛnta]

| thicket | **(ett) buskage** | [bus'kaʒ] |
| scrubland | **(en) buskterräng** | ['busktɛr'rɛŋ] |

| footpath | **(en) stig** | [stig] |
| gully | **(ett) dike** | ['dike] |

tree	**(ett) träd**	[trɛd]
leaf	**(ett) löv**	['løv]
leaves	**(ett) löv**	['løv]

falling leaves	**lövfällning**	[løv'fɛʎniŋ]
to fall (ab. leaves)	**att falla**	[at 'fala]
top (of the tree)	**(en) trädtopp**	['trɛtɔp]

branch	**(en) kvist**	[kwist]
bough	**(en) gren**	[gren]
bud (on shrub, tree)	**(en) knopp**	[knɔp]
needle (of pine tree)	**(en) nål**	[nɔːʎ]
fir cone	**(en) kotte**	['kɔttɛ]

hollow (in a tree)	**(en) ihålig**	['i'hɔːlig']
nest	**(ett) bo**	[bu]
burrow (animal hole)	**(en) lya**	['lya]

trunk	**(en) stam**	[stam]
root	**(en) rot**	[rut]
bark	**(en) bark**	[bark]
moss	**(en) mossa**	['mɔssa]

to uproot (vt)	**att rycka upp med rötterna**	[at 'rykka up me 'røtteːna]
to chop down	**att fälla**	[at 'fɛla]
to deforest (vt)	**att hugga ner**	[at 'hugga nɛr]
tree stump	**(en) stubbe**	['stybbɛ]

campfire	**(ett) bål**	[bɔːʎ]
forest fire	**(en) brand**	[brand]
to extinguish (vt)	**att släcka**	[at 'slɛkka]

forest ranger	**(en) skogsvakt**	['skugsvakt]
protection	**(ett) skydd**	[ʃidd]
to protect (~ nature)	**att skydda**	[at 'ʃydda]

| poacher | (en) tjuvskytt | [ˈɕyvˈʃyt] |
| trap (e.g. bear ~) | (en) sax | [saks] |

| to gather, to pick (vt) | att plocka | [at ˈplɔkka] |
| to lose one's way | att gå vilse | [at gɔː ˈwiʌsɛ] |

171. Natural resources

natural resources	naturtillgångar	[naˈtyrtiʌˈgɔːŋar]
minerals	mineraler	[minɛˈralɛr]
deposits	(ett) lager	[ˈlagɛr]
field (e.g. oilfield)	(ett) fält	[fɛʌt]

to mine (extract)	att utvinna	[at ˈjutwiŋa]
mining (extraction)	(en) utvinning	[ˈjutwiŋiŋ]
ore	(en) malm	[maʌm]
mine (e.g. for coal)	(en) malmgruva	[ˈmaʌmgˈryva]
mine shaft, pit	(ett) gruvschakt	[ˈgryvʃʌkt]
miner	(en) gruvarbetare	[ˈgryvarbetarɛ]

| gas | (en) gas | [gas] |
| gas pipeline | (en) gasledning | [ˈgasledniŋ] |

oil (petroleum)	(en) olja	[ˈɔʌja]
oil pipeline	(en) oljeledning	[ˈɔʌjeˈledniŋ]
oil rig	(ett) oljerigg	[ˈɔʌɪæˈrig]
derrick	(ett) borrtorn	[ˈbɔrrtuːn]
tanker	(ett) tankfartyg	[ˈtaŋkfarˈtyg]

sand	(en) sand	[sand]
limestone	(en) kalksten	[kaʌksˈtɛn]
gravel	(ett) grus	[grys]
peat	(en) torv	[tɔrv]
clay	(en) lera	[ˈlɛra]
coal	(ett) kol	[kɔʌ]

iron	(ett) järn	[jəːrn]
gold	(ett) guld	[gyʌd]
silver	(ett) silver	[ˈsiʌvɛr]
nickel	(en) nickel	[ˈnikkeʌ]
copper	(en) koppar	[ˈkɔpar]

zinc	(en) zink	[siŋk]
manganese	(en) mangan	[maˈngan]
mercury	(ett) kvicksilver	[ˈkwiksiʌvɛr]
lead	(ett) bly	[ˈbly]

mineral	(ett) mineral	[minɛˈraʌ]
crystal	(en) kristall	[krisˈtaʌ]
marble	(en) marmor	[ˈmarmur]
uranium	(ett) uran	[juˈran]

The Earth. Part 2

172. Weather

weather	(ett) väder	['vɛdɛr]
weather forecast	(en) väderleksprognos	['vɛde:leksprug'nɔs]
temperature	(en) temperatur	[tempɛra'tyr]
thermometer	(en) termometer	[tɛrmu'metɛr]
barometer	(en) barometer	[baru'metɛr]
humidity	(en) fuktighet	['fyktighet]
heat (of summer)	(en) hetta	['hetta]
hot (torrid)	varmt	[va:rmt]
it's hot	Det är varmt	[dɛ ɛr varmt]
it's warm	det är varmt	[dɛ ɛr varmt]
warm (moderately hot)	varm	[va:m]
it's cold	det är kallt	[dɛ ɛr kaʎt]
cold (adj)	kall	[kaʎ]
sun	(en) sol	[suʎ]
to shine (vi)	att skina	[at 'ʃina]
sunny (day)	solig	['sulig']
to come up (vi)	att gå upp	[at gɔ: up]
to set (vi)	att gå ner	[at gɔ: 'nɛr]
cloud	(ett) moln	[mɔʎn]
cloudy (adj)	molnig	['mɔʎnig']
rain cloud	(ett) moln	[mɔʎn]
somber (gloomy)	mulen	['mylen]
rain	(ett) regn	[rengn]
it's raining	det regnar	[de 'rengnar]
rainy (day)	regnig	['reɲig]
to drizzle (vi)	att duggregna	[at 'dyggrengna]
pouring rain	(ett) störtregn	['stø:trengn]
downpour	(ett) spöregn	['spøregn]
heavy (e.g. ~ rain)	häftigt	['hɛftit]
puddle	(en) pöl	['pøʎ]
to get wet (in rain)	att bli våt	[at bli 'vɔ:t]
mist (fog)	(en) dimma	['dimma]
misty (adj)	dimmig	['dimmig']
snow	(en) snö	['snø]
it's snowing	det snöar	[de 'snøar]

173. Severe weather. Natural disasters

thunderstorm	(en) åska	['ɔːska]
lightning (~ strike)	(en) blixt	[blikst]
to flash (vi)	att blixtra	[at 'blikstra]
thunder	(en) åska	['ɔːska]
to thunder (vi)	att åska	[at 'ɔːska]
it's thundering	det åskar	[dɛ 'ɔːskar]
hail	(ett) hagel	['hageʎ]
it's hailing	det haglar	[de 'haglar]
to flood (vt)	att översvämma	[at øvɛːʃ'vɛmma]
flood	(en) översvämning	[øvɛːʃ'vɛmniŋ]
earthquake	(en) jordbävning	['juːdbɛvniŋ]
tremor, quake	(en) jordstöt	['judstøt]
epicentre	(ett) epicentrum	[ɛpi'sentrum]
eruption	(ett) utbrott	['jutbrɔt]
lava	(en) lava	['lava]
twister	(en) tromb	[trɔmb]
tornado	(en) tornado	[tuː'nadu]
typhoon	(en) tyfon	[ty'fɔn]
hurricane	(en) orkan	[ɔr'kan]
storm	(en) storm	[stɔrm]
tsunami	(en) tsunami	[tsu'nami]
cyclone	(en) cyklon	[tsyk'lɔn]
bad weather	(ett) oväder	['u'vɛdɛr]
fire (accident)	(en) brand	[brand]
disaster	(en) katastrof	[katast'rɔf]
meteorite	(en) meteorit	[meteu'rit]
avalanche	(en) lavin	[la'win]
snowslide	(ett) snöras	['snøras]
blizzard	(en) snöstorm	[snøs'tɔrm]
snowstorm	(en) snöstorm	[snøs'tɔrm]

Fauna

174. Mammals. Predators

predator	(ett) rovdjur	['ruvjur]
tiger	(en) tiger	['tigɛr]
lion	(ett) lejon	['lejon]
wolf	(en) ulv	[uʌv]
fox	(en) räv	[rɛv]
jaguar	(en) jaguar	[jagu'ɑr]
leopard	(en) leopard	[leu'pɑːd]
cheetah	(en) gepard	[je'pɑːd]
black panther	(en) panter	['pantɛr]
puma	(en) puma	['pymɑ]
snow leopard	(en) snöleopard	[snøleu'pɑːd]
lynx	(ett) lodjur	['lu'jur]
coyote	(en) prärievarg	['prɛrievarʲj]
jackal	(en) sjakal	[ʃʌ'kɑl]
hyena	(en) hyena	[hi'enɑ]

175. Wild animals

animal	(ett) djur	[jur]
beast (animal)	(ett) odjur	['ujur]
squirrel	(en) ekorre	['ɛkɔrrɛ]
hedgehog	(en) igelkott	['igeʌkɔt]
hare	(en) hare	['hɑrɛ]
rabbit	(en) kanin	[kɑ'nin]
badger	(en) grävling	['grɛvliŋ]
raccoon	(en) tvättbjörn	['tvɛttbjoːn]
hamster	(en) hamster	['hamstɛr]
marmot	(ett) murmeldjur	['myrmeʌ'jur]
mole	(en) mullvad	['muʌvad]
mouse	(en) mus	[mys]
rat	(en) råtta	['rɔːttɑ]
bat	(en) fladdermus	['fladdɛr 'mys]
ermine	(en) hermelin	[hɛrme'lin]
sable	(en) sobel	['sɔbeʌ]
marten	(en) mård	[mɔːd]
weasel	(en) vessla	['weslɑ]
mink	(en) mink	[miŋk]

| beaver | (en) bäver | ['bɛvɛr] |
| otter | (en) utter | ['uttɛr] |

horse	(en) häst	[hɛst]
moose	(en) älg	[ɛʎj]
deer	(en) hjort	[jurt]
camel	(en) kamel	[ka'meʎ]

bison	(en) bison	['bisɔn]
aurochs	(en) visent	[wi'sent]
buffalo	(en) buffel	['buffeʎ]

zebra	(en) sebra	['sebra]
antelope	(en) antilop	[anti'lup]
roe deer	(ett) rådjur	['rɔːjur]
fallow deer	(en) dovhjort	['dɔvjurt]
chamois	(en) gems	[jems]
wild boar	(ett) vildsvin	['wiʎds'win]

whale	(en) val	[vaʎ]
seal	(en) säl	[sɛʎ]
walrus	(en) valross	['vaʎrɔss]
fur seal	(en) pälssäl	['pɛʎssɛʎ]
dolphin	(en) delfin	[deʎ'fin]

bear	(en) björn	['bjoːn]
polar bear	(en) isbjörn	['isbjoːn]
panda	(en) panda	['panda]

monkey	(en) apa	['apa]
chimpanzee	(en) schimpans	[ʃim'pans]
orangutan	(en) orangutang	[urangju'taŋ]
gorilla	(en) gorilla	[gɔ'rila]
macaque	(en) makak	[ma'kak]
gibbon	(en) gibbon	[gib'bun]

elephant	(en) elefant	[ɛle'fant]
rhinoceros	(en) noshörning	['nushørniŋ]
giraffe	(en) giraff	[ʃi'raf]
hippopotamus	(en) flodhäst	['fludhɛst]

| kangaroo | (en) känguru | ['ɕengjury] |
| koala (bear) | (en) koala | [ku'ala] |

mongoose	(en) mungo	['mungu]
chinchilla	(en) chinchilla	[ʃin'ʃila]
skunk	(en) skunk	[skuŋk]
porcupine	(ett) piggsvin	['piggswin]

176. Domestic animals

cat	(en) katt	[kat]
tomcat	(en) katt	[kat]
dog	(en) hund	[hund]

horse	(en) häst	[hɛst]
stallion	(en) hingst	[hiŋst]
mare	(ett) sto	[stu:]

cow	(en) ko	[kɔ:]
bull	(en) tjur	[ɕyr]
ox	(en) oxe	['uksɛ]

sheep	(ett) får	[fɔ:r]
ram	(en) bagge	['baggɛ]
goat	(en) get	[jet]
billy goat, he-goat	(en) getabock	[jeta'bɔk]

| donkey | (en) åsna | ['ɔ:sna] |
| mule | (en) mula | ['myla] |

pig	(ett) svin	[swin]
piglet	(en) griskulting	[gris'kyʎtiŋ]
rabbit	(en) kanin	[ka'nin]

| hen (chicken) | (en) höna | ['høna] |
| cock | (en) tupp | [tup] |

duck	(en) anka	['aŋka]
drake	(en) ankhanne	['aŋk'haŋɛ]
goose	(en) gås	[gɔ:s]

| stag turkey | (en) kalkontupp | ['kaʎkɔntup] |
| turkey (hen) | (en) kalkon | [kaʎ'kun] |

domestic animals	husdjur	['hys'jur]
tame (e.g. ~ hamster)	tam	[tam]
to tame (vt)	att tämja	[at 'tɛmja]
to breed (vt)	att föda upp	[at 'føda up]

farm	(en) farm, lantgård	[farm], ['lantgɔ:d]
poultry	(ett) fjäderfä	['fjædɛrfɛ]
cattle	(en) boskap	['buskap]
herd (cattle)	(en) hjord	[ju:d]

stable	(ett) stall	[staʎ]
pigsty	(en) svinstia	['swinstia]
cowshed	(en) ladugård	['ladygɔ:d]
rabbit hutch	kaninbur	[kanin'byr]
hen house	(ett) hönshus	[høns'hys]

177. Dogs. Dog breeds

dog	(en) hund	[hund]
sheepdog	(en) schäfer	['ʃɛfɛr]
poodle	(en) pudel	['pydeʎ]
dachshund	(en) tax	[taks]
bulldog	(en) bulldogg	['buʎdɔg]
boxer	(en) boxare	['buksarɛ]

165

mastiff	(en) mastiff	[mɑs'tif]
rottweiler	(en) rottweiler	['rɔttwejlɛr]
Doberman	(en) dobermann	['dɔbɛrmaŋ]

basset	(en) basset	['bɑsset]
bobtail	(en) bobtail	['bɔbtejl]
Dalmatian	Dalmatiner	[dalma'tinɛr]
cocker spaniel	(en) cocker spaniel	['kɔkkɛr 'spɑnieʎ]

| Newfoundland | (en) newfoundland | [ny'faundlend] |
| Saint Bernard | (en) saintbernard | [senbɛr'nɑ:d] |

husky	(en) husky	['hyski]
Chow Chow	(en) chow chow	['tʃau tʃau]
spitz	(en) spets	[spets]
pug	(en) mops	[mɔps]

178. Sounds made by animals

barking (n)	(ett) skall	[skaʎ]
to bark (vi)	att skälla	[at 'ʃɛla]
to miaow (vi)	att jama	[at 'jama]
to purr (vi)	att spinna	[at 'spiŋa]

to moo (vi)	att råma	[at 'rɔ:ma]
to bellow (bull)	att ryta	[at 'ryta]
to growl (vi)	att ryta	[at 'ryta]

howl (n)	(ett) tjut	[ɕyt]
to howl (vi)	att yla	[at 'yla]
to whine (vi)	att gny	[at gny]

to bleat (sheep)	att bräka	[at 'brɛka]
to oink, to grunt (pig)	att grymta	[at 'grymta]
to squeal (vi)	att gnälla	[at 'gnɛla]

to croak (vi)	att kväka	[at 'kvɛka]
to buzz (insect)	att surra	[at 'surra]
to stridulate (vi)	att gnissla	[at 'gnisla]

179. Birds

bird	(en) fågel	['fɔ:geʎ]
pigeon	(en) duva	['dyva]
sparrow	(en) gråsparv	['grɔ:sparv]
tit	(en) mes	[mes]
magpie	(en) skata	['skata]

raven	(en) korp	[kɔrp]
crow	(en) kråka	['krɔ:ka]
jackdaw	(en) kaja	['kaja]
rook	(en) råka	['rɔ:ka]

duck	(en) anka	['aŋka]
goose	(en) gås	[gɔːs]
pheasant	(en) fasan	[fa'san]

eagle	(en) örn	[ørn]
hawk	(en) hök	['høk]
falcon	(en) falk	[faʎk]
vulture	(en) gam	[gam]
condor	(en) kondor	['kɔndur]

swan	(en) svan	[svan]
crane	(en) trana	['trana]
stork	(en) stork	[stɔrk]
parrot	(en) papegoja	[pape'gɔja]
hummingbird	(en) kolibri	['kɔlibri]
peacock	(en) påfågel	['pɔːˈfɔːgeʎ]

ostrich	(en) struts	[stryts]
heron	(en) häger	['hɛgɛr]
flamingo	(en) flamingo	[fla'mingu]
pelican	(en) pelikan	[peli'kan]

nightingale	(en) näktergal	['nɛktɛrgaʎ]
swallow	(en) svala	['svala]
thrush	(en) trast	[trast]
song thrush	(en) sångtrast	['sɔːŋt'rast]
blackbird	(en) koltrast	['kuʎt'rast]

swift	(en) tornsvala	['tuːnʃ'vala]
lark	(en) lärka	['lɛrka]
quail	(en) vaktel	['vakteʎ]

woodpecker	(en) hackspett	['hakspet]
cuckoo	(en) gök	[jok]
owl	(en) uggla	['uggla]
eagle owl	(en) berguv	['bɛrjyv]
wood grouse	(en) tjäder	['ɕɛdɛr]
black grouse	(en) orre	['ɔrrɛ]
partridge	(en) rapphöna	['raphøna]

starling	(en) stare	['starɛ]
canary	(en) kanariefågel	[ka'narie'fɔːgeʎ]
hazel grouse	(en) järpe	['jərpɛ]
chaffinch	(en) bofink	['bufiŋk]
bullfinch	(en) domherre	['dumhɛrrɛ]

seagull	(en) fiskmås	['fiskmɔːs]
albatross	(en) albatross	['aʎbatrɔs]
penguin	(en) pingvin	[piŋ'win]

180. Birds. Singing and sounds

| to sing (vi) | att sjunga | [at 'ʃuŋa] |
| to call (animal, bird) | att skrika | [at 'skrika] |

| to crow (cock) | att gala | [at 'gala] |
| cock-a-doodle-doo | kuckeliku | [kykkeli'ky] |

to cluck (hen)	att kackla	[at 'kakla]
to caw (vi)	att kraxa	[at 'kraksa]
to quack (duck)	att kvacka	[at 'kvakka]
to cheep (vi)	att pipa	[at 'pipa]
to chirp, to twitter	att kvittra	[at 'kwittra]

181. Fish. Marine animals

bream	(en) brax	[braks]
carp	(en) karp	[karp]
perch	(en) ábborre	['abbɔrrɛ]
catfish	(en) mal	[maʌ]
pike	(en) gädda	['jedda]

| salmon | (en) lax | [ʌaks] |
| sturgeon | (en) stör | ['stør] |

| herring | (en) sill | [siʌ] |
| Atlantic salmon | (en) lax | [ʌaks] |

| mackerel | (en) makrill | ['makriʌ] |
| flatfish | (en) rödspätta | ['rødspɛtta] |

| zander, pike perch | (en) gös | [jos] |
| cod | (en) torsk | [tɔːʃk] |

| tuna | (en) tonfisk | ['tun'fisk] |
| trout | (en) öring | ['ɛriŋ] |

| eel | (en) ål | [ɔːʌ] |
| electric ray | (en) elektrisk rocka | [ɛ'lektrisk 'rɔkka] |

| moray eel | (en) muräna | [mu'rɛna] |
| piranha | (en) piraya | [pi'raja] |

shark	(en) haj	[haj]
dolphin	(en) delfin	[deʌ'fin]
whale	(en) val	[vaʌ]

crab	(en) krabba	['krabba]
jellyfish	(en) manet	[ma'net]
octopus	(en) bläckfisk	['blɛkfisk]

starfish	(en) sjöstjärna	['ʃɔʃɛrna]
sea urchin	(ett) sjöpiggsvin	[ʃɔpiggs'win]
seahorse	(en) sjöhäst	['ʃɔhɛst]

oyster	(ett) ostron	['ustrun]
prawn	(en) räka	['rɛka]
lobster	(en) hummer	['hymmɛr]
spiny lobster	(en) langust	[laŋ'gyst]

182. Amphibians. Reptiles

snake	(en) orm	[urm]
venomous (snake)	giftig	['jɪftigʲ]
viper	(en) huggorm	['hyg'gurm]
cobra	(en) kobra	['kɔbra]
python	(en) pytonorm	[pi'tɔ'nurm]
boa	(en) boaorm	['bua'urm]
grass snake	(en) snok	[snɔk]
rattle snake	(en) skallerorm	['skallɛrurm]
anaconda	(en) anaconda	[ana'kɔnda]
lizard	(en) ödla	[ødla]
iguana	(en) iguana	[igu'ana]
monitor lizard	(en) varan	[va'ran]
salamander	(en) salamander	[sala'mandɛr]
chameleon	(en) kameleont	[kamele'ɔnt]
scorpion	(en) skorpion	[skɔrpi'un]
turtle	(en) sköldpadda	[ʃɔʌd'padda]
frog	(en) groda	['gruda]
toad	(en) padda	['padda]
crocodile	(en) krokodil	[krɔkɔ'diʌ]

183. Insects

insect	(en) insekt	['insekt]
butterfly	(en) fjäril	['færiʌ]
ant	(en) myra	['myra]
fly	(en) fluga	['flyga]
mosquito	(en) mygga	['mygga]
beetle	(en) skalbagge	['skaʌbaggɛ]
wasp	(en) geting	['jetiŋ]
bee	(ett) bi	[bi]
bumblebee	(en) humla	['hymla]
gadfly	(en) styngfluga	['styŋflyga]
spider	(en) spindel	['spindɛʌ]
spider's web	(en) väv	[vɛ:v]
dragonfly	(en) dagslända	['dagslɛnda]
grasshopper	(en) gräshoppa	['grɛshɔpa]
moth (night butterfly)	(en) nattfjäril	[at 'nat'fjeril]
cockroach	(en) kackerlacka	['kakkɛr'lakka]
tick	(en) fästing	['fɛstiŋ]
flea	(en) loppa	['lɔpa]
midge	(en) mygga	['mygga]
locust	(en) gräshoppare	['grɛshɔparɛ]
snail	(en) snigel	['snigeʌ]

cricket	(en) syrsa	['syʃʌ]
firefly	(en) lysmask	['lysmɑsk]
ladybird	(en) nyckelpiga	['nykeʌ'pigɑ]
cockchafer	(en) ollonborre	['ɔlɔn'bɔrrɛ]

leech	(en) blodigel	['bludʰigeʌ]
caterpillar	(en) larv	[ʌarv]
earthworm	(en) mask	[mɑsk]
larva	(en) larv	[ʌarv]

184. Animals. Body parts

beak	(ett) näbb	[nɛbb]
wings	vingar	['wiŋɑr]
foot (of bird)	(en) tass	[tɑss]
feathering	(en) fjäderdräkt	['fjedɛrd'rɛkt]
feather	(en) fjäder	['fjedɛr]
crest	(en) tofs	[tɔfs]

gill	gälar	['jə'lɑr]
spawn	(en) rom	[rɔm]
larva	(en) larv	[ʌarv]
fin	(en) fena	['fenɑ]
scales (of fish, reptile)	(ett) fjäll	[fʲæʌ]

fang (of wolf, etc.)	(en) hörntand	['hørntɑnd]
paw (e.g. cat's ~)	(en) tass	[tɑss]
muzzle (snout)	(en) mule, nos	['myle], [nɔs]
mouth (of cat, dog)	(ett) gap	[gɑp]
tail	(en) svans	[svɑns]
whiskers	(ett) morrhår	['mɔrrhɔːr]

| hoof | (en) hov | [hɔːv] |
| horn | (ett) horn | [huːn] |

carapace	(en) ryggsköld	['ryggʃɔːʌd]
shell (of mollusc)	(ett) skal	[skɑʌ]
eggshell	(ett) skal	[skɑʌ]

| hair (e.g. dog's ~) | (en) päls | [pɛʌs] |
| pelt | (ett) skinn, (en) hud | [ʃin̩], [hyd] |

185. Animals. Habitats

| habitat | (en) livsmiljö | ['livsmiʌjo] |
| migration | (en) migration | [migrɑ'ʃun] |

mountain	(ett) berg	[bɛrʲj]
reef	(ett) rev	[rev]
cliff	(en) klippa	['klipɑ]
forest	(en) skog	[skug]
jungle	(en) djungel	['juŋeʌ]

savanna	(en) savann	[sa'vaŋ]
tundra	(en) tundra	['tundra]
steppe	(en) stäpp	[stɛp]
desert	(en) öken	[øken]
oasis	(en) oas	[ɔ'as]
sea	(ett) hav	[hav]
lake	(en) sjö	['ʃɔ:]
ocean	(en) ocean	[use'an]
swamp	(ett) kärr	[ɕərr]
freshwater (adj)	sötvattens-	[søt'vattɛns]
pond	(en) damm	[damm]
river	(en) älv, (en) flod	[ɛʎv], [flud]
den	(ett) ide	['idɛ]
nest	(ett) bo	[bu]
hollow (in a tree)	(en) ihålig	['i'hɔ:ligʲ]
burrow (animal hole)	(en) lya	['lya]
anthill	(en) myrstack	['myʃtakk]

Flora

186. Trees

tree	(ett) träd	[trɛd]
deciduous (adj)	löv-	['løv]
coniferous (adj)	barr-	[barr]
evergreen (adj)	eviggrönt	['ɛwiggrønt]

apple tree	(ett) äppelträd	['ɛpeʎ 'trɛd]
pear tree	(ett) päronträd	['pɛrɔn 'trɛd]
sweet cherry tree	(ett) fågelbärsträd	['fɔːgeʎbɛːʃ 'trɛd]
sour cherry tree	(ett) körsbärsträd	['çøːʃbɛːʃ 'trɛd]
plum tree	(ett) plommonträd	['plummɔn 'trɛd]

birch	(en) björk	['bjork]
oak	(en) ek	[ɛk]
linden tree	(en) lind	[lind]
aspen	(en) asp	[asp]
maple	(en) lönn	['løŋ]

spruce	(en) gran	[gran]
pine	(en) tall	[taʎ]
larch	(ett) lärkträd	['lɛrktrɛd]
fir	(en) silvergran	['siʎvɛrg'ran]
cedar	(en) ceder	['sedɛr]

poplar	(en) poppel	['pɔpɛʎ]
rowan	(en) rönn	['røŋ]
willow	(en) pil	[piʎ]
alder	(en) al	[aʎ]
beech	(en) bok	[buk]
elm	(en) alm	[aʎm]
ash (tree)	(en) ask	[ask]
chestnut	(ett) kastanjeträd	[kas'taŋj 'trɛd]

magnolia	(en) magnolia	[maŋulia]
palm tree	(en) palm	[paʎm]
cypress	(en) cypress	[syp'ress]
mangrove	(ett) mangroveträd	[maŋ'rɔwe 'trɛd]
baobab	(ett) apbrödsträd	[apb'røds 'trɛd]
eucalyptus	(en) eukalyptus	[euka'lyptys]
sequoia	(en) sequoia	[sek'vɔja]

187. Shrubs

bush	(en) buske	['buskɛ]
shrub	(en) buske	['buskɛ]

| grapevine | (en) vinranka | ['winraŋka] |
| vineyard | (en) vingård | ['wingɔ:d] |

raspberry bush	(ett) hallonsnår	['halɔns'nɔ:r]
redcurrant bush	(en) röd vinbärsbuske	['rød 'win'bɛ:ʃbuskɛ]
gooseberry bush	(en) krusbärsbuske	['krysbɛ:ʃbuskɛ]

acacia	(en) akacia	[a'kasia]
barberry	(en) berberis	['bɛrbɛris]
jasmine	(en) jasmin	[has'min]

juniper	(en) en	[en]
rosebush	(en) rosenbuske	['rusen'buskɛ]
dog rose	(en) nyponbuske	['nypɔn'buskɛ]

188. Mushrooms

mushroom	(en) svamp	[svamp]
edible mushroom	(en) matsvamp	['matsvamp]
toadstool	(en) giftig svamp	['jɪftig svamp]
cap (of mushroom)	(en) svamphatt	['svamphat]
stipe (of mushroom)	(en) fot	[fut]

boletus	(en) rörsopp	['rørʃɔp]
orange-cap boletus	(en) aspsopp	['aspsɔp]
birch bolete	(en) björksopp	['bjorksɔp]
chanterelle	(en) kantarell	[kanta'reʎ]
russula	(en) kremla	['kremla]

morel	(en) murkla	['murkla]
fly agaric	(en) flugsvamp	['flygsvamp]
death cap	(en) flugsvamp	['flygsvamp]

189. Fruits. Berries

fruit	(en) frukt	[frykt]
fruits	frukter	['fryktɛr]
apple	(ett) äpple	['ɛple]
pear	(ett) päron	['pɛrɔn]
plum	(ett) plommon	['plummɔn]

strawberry	(en) jordgubbe	['ju:d'gybbɛ]
sour cherry	(ett) körsbär	['ɕø:ʃbɛr]
sweet cherry	(ett) fågelbär	['fɔ:geʎbɛr]
grape	druvor	['dryvur]

raspberry	(ett) hallon	['halɔn]
blackcurrant	(ett) svarta vinbär	['svata 'winbɛr]
redcurrant	(ett) röda vinbär	['røda 'winbɛr]
gooseberry	(ett) krusbär	['krysbɛr]
cranberry	(ett) tranbär	['tranbɛr]
orange	(en) apelsin	[apeʎ'sin]

tangerine	(en) mandarin	[manda'rin]
pineapple	(en) ananas	['ananas]
banana	(en) banan	['banan]
date	(en) dadel	['dadɛʎ]

lemon	(en) citron	[sit'run]
apricot	(en) aprikos	[apri'kus]
peach	(en) persika	['pɛ:ʃika]
kiwi	(en) kiwi	['kiwi]
grapefruit	(en) grapefrukt	['grejpfrukt]

berry	(ett) bär	[bɛr]
berries	bär	[bɛr]
cowberry	(ett) lingon	['lingɔn]
wild strawberry	(ett) smultron	['smyʎtrɔn]
bilberry	(ett) blåbär	['blɔ:bɛr]

190. Flowers. Plants

flower	(en) blomma	['blumma]
bouquet (of flowers)	(en) bukett	[by'ket]

rose (flower)	(en) ros	[rus]
tulip	(en) tulpan	[tyʎ'pan]
carnation	(en) nejlika	['nɛjlika]
gladiolus	(en) gladiolus	[gladi'ulys]

cornflower	(en) blåklint	['blɔ:klint]
bluebell	(en) blåklocka	['blɔ:klɔkka]
dandelion	(en) maskros	['maskrus]
camomile	(en) kamomill	['kamɔ'miʎ]

aloe	(en) aloe	['alue]
cactus	(en) kaktus	['kaktus]
rubber plant	(en) fikus	['fikus]

lily	(en) lilja	['liʎja]
geranium	(en) geranium	[gɛ'ranium]
hyacinth	(en) hyacint	[hia'sint]

mimosa	(en) mimosa	[mi'mɔ:sa]
narcissus	(en) pingstlilja	['piŋstliʎja]
nasturtium	(en) blomsterkrasse	['blomstɛrkrassɛ]

orchid	(en) orkidé	[ɔrʃi'de]
peony	(en) pion	[pi'un]
violet	(en) viol	[wi'uʎ]

pansy	(en) pensé	['paŋ'se]
forget-me-not	(en) förgätmigej	[førⁱætmi'gej]
daisy	(en) tusensköna	['tysenʃona]

poppy	(en) vallmo	['vaʎmu]
hemp	(en) hampa	['hampa]

mint	(en) mynta	['mynta]
lily of the valley	(en) liljekonvalje	[liʌjekun'vaʌje]
snowdrop	(en) vitsippa	['wi'tsipa]

nettle	(en) nässla	['nɛssla]
sorrel	(en) syra	['syra]
water lily	(en) näckros	['nɛkrus]
fern	(en) ormbunke	['uːrm'buŋkɛ]
lichen	(en) lav	[lav]

tropical glasshouse	(ett) växthus	['vɛksthys]
grass lawn	(en) gräsmatta	['grɛsmatta]
flowerbed	(en) blomsterrabatt	[at ɛn 'blumstɛrrabat]

plant	(en) växt	[vɛkst]
grass	(ett) gräs	[grɛs]
blade of grass	(ett) grässtrå	['grɛsstrɔː]

leaf	(ett) löv	['løv]
petal	(ett) blomblad	['blumblad]
stem	(en) stjälk	[ʃɛʌk]
tuber	(en) rotknöl	['rutknøʌ]

| young plant (shoot) | (en) grodd | ['grudd] |
| thorn | (en) tagg | [tag] |

to blossom (vi)	att blomma	[at 'blumma]
to fade, to wither	att vissna	[at 'wissna]
smell (odour)	(en) doft	[dɔft]
to cut (flowers)	att skära av	[at 'ʃɛra av]
to pick (a flower)	att plocka	[at 'plɔkka]

191. Cereals, grains

grain	(en) spannmål	['spaŋmɔːʌ]
cereals (plants)	(ett) spannmål	['spaŋmɔːʌ]
ear (of barley, etc.)	(ett) ax	[aks]

wheat	(ett) vete	['wetɛ]
rye	(en) råg	[rɔːg]
oats	(en) havre	['havrɛ]
millet	(en) hirs	[hyʃ]
barley	(ett) korn	[kuːn]

maize	(en) majs	[majs]
rice	(ett) ris	[ris]
buckwheat	(ett) bovete	['buwetɛ]

pea	(en) ärtor	['ɛrtur]
kidney bean	bönor	['bønur]
soya	(en) soja	['sɔja]
beans (broad ~)	bönor	['bønur]

REGIONAL GEOGRAPHY

Countries. Nationalities

192. Politics. Government. Part 1

politics	(en) politik	[puli'tik]
political (adj)	politisk	[pu'litisk]
politician	(en) politiker	[pu'litikɛr]
state (country)	(en) stat	[stat]
citizen	(en) medborgare	['mɛdbɔrjarɛ]
citizenship	(ett) medborgarskap	['mɛdbɔrjaʃkap]
national emblem	(ett) riksvapen	['riksvapen]
national anthem	(en) nationalhymn	[natʃu'naʎ 'himn]
government	(en) regering	[re'jəriŋ]
head of state	(en) statschef	['statsʃəf]
parliament	(en) riksdag	['riksdag]
party	(ett) parti	[par'ti]
capitalism	(en) kapitalism	[kapita'lism]
capitalist (adj)	kapitalistisk	[kapita'listisk]
socialism	(en) socialism	[susia'lism]
socialist (adj)	socialistisk	[susia'listisk]
communism	(en) kommunism	[kɔmmu'nism]
communist (adj)	kommunistisk	[kɔmmu'nistisk]
communist (n)	(en) kommunist	[kɔmmu'nist]
democracy	(en) demokrati	[demukra'ti]
democrat	(en) demokrat	[demuk'rat]
democratic (adj)	demokratisk	[demuk'ratisk]
Democratic party	det demokratiska partiet	[de demuk'ratiska par'tiet]
liberal (n)	(en) liberal	[libɛ'raʎ]
Liberal (adj)	liberal-	[libɛ'raʎ]
conservative (n)	konservativ	[kɔnsɛrva'tiv]
conservative (adj)	konservativ	[kɔnsɛrva'tiv]
republic (n)	(en) republik	[repyb'lik]
republican (n)	(en) republikan	[repybli'kan]
Republican party	det republikanska partiet	[de repybli'kanska par'tiet]
poll, elections	(ett) val	[vaʎ]
to elect (vt)	att välja	[at 'vɛʎja]
elector, voter	(en) väljare	['vɛʎjarɛ]

election campaign	(en) valkampanj	['vaʎkam'paɲj]
voting (n)	(en) omröstning	['ɔmrøstniŋ]
to vote (vi)	att rösta	[at 'røsta]
suffrage, right to vote	(en) rösträtt	['røstrɛt]

candidate	(en) kandidat	[kandi'dat]
to be a candidate	att vara en kanditat	[at 'vara ɛn kandi'dat]
campaign	(en) kampanj	[kam'paɲj]

| opposition (as adj) | oppositionen | [ɔpɔsi'ʃunɛn] |
| opposition (n) | (en) opposition | [ɔpɔsi'ʃun] |

visit	(ett) besök	[be'søk]
official visit	(ett) officiellt besök	[ɔffisi'eʎt be'søk]
international (adj)	internationell	[intɛrnatʃu'neʎ]

| negotiations | förhandlingar | [fø:'handliŋar] |
| to negotiate (vi) | att förhandla | [at fø:'handla] |

193. Politics. Government. Part 2

society	(ett) samhälle	['sam'hɛlle]
constitution	(en) konstitution	[kɔnstity'ʃun]
power (political control)	(en) makt	[makt]
corruption	(en) korruption	[kɔrryp'ʃun]

| law (justice) | (en) lag | [lag] |
| legal (legitimate) | laglig | ['laglig'] |

| justice (fairness) | (en) rättvisa | ['rɛttwisa] |
| just (fair) | rättvis | ['rɛttwis] |

committee	(en) kommitté	[kɔmmit'te]
bill (draft of law)	(en) proposition	[prupusi'ʃun]
budget	(en) budget	['budjet]
policy	(en) policy	['pɔlisi]
reform	(en) reform	[re'fɔrm]
radical (adj)	radikal	[radi'kaʎ]

power (strength, force)	(en) kraft	[kraft]
powerful (adj)	kraftig	['kraftig']
supporter	(en) anhängare	['anhɛŋarɛ]
influence	(ett) inflytande	['inflytandɛ]

regime (e.g. military ~)	(en) regim	[re'ʃim]
conflict	(en) konflikt	[kɔnf'likt]
conspiracy (plot)	(en) sammansvärning	['sammans'vɛrniŋ]
provocation	(en) provokation	[prɔvɔka'ʃun]

to overthrow (regime, etc.)	att störta	[at 'stø:ta]
overthrow (of government)	(ett) störtande	['størtandɛ]
revolution	(en) revolution	[revuly'ʃun]
coup d'état	(en) kupp	[kup]
military coup	(en) militärkupp	[mili'tɛ:r 'kup]

crisis	(en) kris	[kris]
economic recession	(en) lågkonjuktur	['lɔːgkɔnjyk'tyr]
demonstrator (protester)	(en) demonstrant	[demɔnst'rant]
demonstration	(en) demonstration	[demɔnstra'ʃun]
martial law	(ett) undantagstillstånd	['undantagstiʌs'tɔːnd]
military base	(en) bas	[bas]

stability	(en) stabilitet	[stabili'tet]
stable (adj)	stabil	[sta'biʌ]

exploitation	(ett) utnyttjande	['jut'nytjandɛ]
to exploit (workers)	att utnyttja	[at 'jut'nytja]

racism	(en) rasism	[ra'sism]
racist	(en) rasist	[ra'sist]
fascism	(en) fascism	[fa'ʃism]
fascist	(en) fascist	[fa'ʃist]

194. Countries. Miscellaneous

foreigner	(en) utlänning	['jut'lɛniŋ]
foreign (adj)	utländsk	['jut'lɛnsk]
abroad (adv)	utomlands	['jutɔmʌans]

emigrant	(en) emigrant	[ɛmig'rant]
emigration	(en) emigration	[ɛmigra'ʃun]
to emigrate (vi)	att emigrera	[at ɛmig'rɛra]

the West	(en) väst	[vɛst]
the East	(en) öst	[øst]
the Far East	Fjärran östern	['fjærran østɛrn]

civilization	(en) civilisation	[siwilisa'ʃun]
humanity (mankind)	(en) mänsklighet	['mɛnsklighet]
world (earth)	(en) värld	[vɛːd]
peace	(en) fred	[fred]
worldwide (adj)	världs-	[vɛrds]

homeland	(ett) hemland	['hɛmland]
people (population)	(ett) folk	[fɔʌk]
population	(en) befolkning	[be'fɔʌkniŋ]
people (a lot of ~)	(ett) folk	[fɔʌk]
nation (people)	(en) nation	[nat'ʃun]
generation	(en) generation	[jenɛra'ʃun]

territory (area)	(ett) territorium	['tɛrri'turium]
region	(en) region	[regi'un]
state (part of a country)	(en) stat	[stat]

tradition	(en) tradition	[tradi'ʃun]
custom (tradition)	(en) sed	[sed]
ecology	(en) ekologi	[ɛkulu'gi]
Indian (Native American)	(en) indian	[indi'an]
Gipsy (masc.)	(en) zigenare	[si'jenarɛ]

Gipsy (fem.)	(en) zigensk kvinna	[si'jensk 'kwiŋa]
Gipsy (adj)	zigensk	[si'jensk]

empire	(ett) imperium	[im'pɛrium]
colony	(en) koloni	[kɔlɔ'ni]
slavery	(ett) slaveri	[slavɛ'ri]
invasion	(en) invasion	[inva'ʃun]
famine	(en) svält	[svɛʎt]

195. Major religious groups. Confessions

religion	(en) religion	[reli'jun]
religious (adj)	religiös	[reli'ʃɔs]

belief (in God)	(en) tro	[tru]
to believe (in God)	att tro	[at tru]
believer	(en) troende	['truendɛ]

atheism	(en) ateism	[ate'ism]
atheist	(en) ateist	[ate'ist]

Christianity	(en) kristendom	['kristendum]
Christian (n)	(en) kristen	['kristen]
Christian (adj)	kristen	['kristen]

Catholicism	(en) katolicism	[katuli'sism]
Catholic (n)	(en) katolik	[katu'lik]
Catholic (adj)	katolsk	[ka'tuʎsk]

Protestantism	(en) protestantism	[prutestan'tism]
Protestant Church	den protestantiska kyrkan	[den prutes'tantiska 'ɕyrkan]
Protestant	(en) protestant	[prutes'tant]

Orthodoxy	(en) ortodoxi	[ɔrtɔdɔk'si]
Orthodox Church	den ortodoxa kyrkan	[den ɔrtɔ'dɔksa 'ɕyrkan]
Orthodox	ortodox	[ɔrtɔ'dɔks]

Presbyterianism	Presbyterianism	[presbitɛria'nism]
Presbyterian Church	den presbyterianska kyrkan	[den presbitɛri'anska 'ɕyrkan]
Presbyterian (n)	(en) presbyter	[pres'bytɛr]

Lutheranism	den lutherska kyrkan	[den 'lyte:ʃka 'ɕyrkan]
Lutheran	(en) lutheran	[lytɛ'ran]

Baptist Church	(en) Baptism	[bap'tism]
Baptist	(en) baptist	[bap'tist]

Anglican Church	den Anglikanska kyrkan	[den angli'kanska 'ɕyrkan]
Anglican	(en) anglikan	['angli'kan]
Mormonism	(en) Mormonism	[murmu'nism]
Mormon	(en) mormon	[mur'mun]
Judaism	(en) Judendom	['judendum]
Jew	(en) jude	['judɛ]

| Buddhism | (en) Buddism | [byd'dism] |
| Buddhist | (en) buddist | [byd'dist] |

| Hinduism | (en) hinduism | [hindy'ism] |
| Hindu | (en) hindu | [hin'dy] |

Islam	(en) Islam	[is'lam]
Muslim (n)	(en) muselman	[myseʌ'man]
Muslim (adj)	muselmansk	[myseʌ'mansk]

Shiism	(en) Shiism	[ʃi'ism]
Shiite (n)	(en) shiit	[ʃi'it]
Sunni (religion)	(en) Sunnism	[su'ŋism]
Sunnite (n)	(en) sunnit	[su'ŋit]

196. Religions. Priests

| priest | (en) präst | [prɛst] |
| the Pope | (en) påve | ['pɔːvɛ] |

monk, friar	(en) munk	[muŋk]
nun	(en) nunna	['nuŋa]
pastor	(en) pastor	['pastur]

abbot	(en) abbé	[ab'be]
vicar	(en) adjúnkt	[a'juːŋkt]
bishop	(en) biskop	['biskɔp]
cardinal	(en) kardinal	[kaːdi'naʌ]

preacher	(en) predikant	[predi'kant]
preaching	(en) predikan	[pre'dikan]
parishioners	församlingsbor	[føːʃʌmliŋs'bur]

| believer | (en) troende | ['truendɛ] |
| atheist | (en) ateist | [ate'ist] |

197. Faith. Christianity. Islam

| Adam | Adam | ['adam] |
| Eve | Eva | ['ɛva] |

God	Gud	[gyd]
the Lord	Herren	['hɛrren]
the Almighty	Allsmäktig	['aʌs'mɛktigʲ]

sin	(en) synd	[synd]
to sin (vi)	att synda	[at 'synda]
sinner (masc.)	(en) syndare	['syndarɛ]
sinner (fem.)	(en) synderska	['syndeːʃka]

| hell | (ett) helvete | ['hɛʌwetɛ] |
| paradise | (ett) paradis | ['paradis] |

Jesus	Jesus	['jesus]
Jesus Christ	Jesus Kristus	['jesus 'kristus]
the Holy Spirit	Den Helige Ande	[den 'heligɛ 'andɛ]
the Saviour	(en) frälsare	['frɛʎsarɛ]
the Virgin Mary	Guds Moder	[guds 'mudɛr]
the Devil	(en) djävul	['jewyʎ]
devil's (adj)	djävulsk	['jewyʎsk]
Satan	(en) satan	['satan]
satanic (adj)	satanisk	[sa'tanisk]
angel	(en) ängel	['ɛŋeʎ]
guardian angel	(en) skyddsängel	['ʃydsɛŋeʎ]
angelic (adj)	änglalik	['ɛŋlalik]
apostle	(en) apostel	[a'pɔsteʎ]
archangel	(en) ärkeängel	['ɛrkeɛŋeʎ]
the Antichrist	(en) antikrist	[antik'rist]
the Church	Kyrkan	['ɕyrkan]
Bible	(en) Bibel	['bibeʎ]
biblical (adj)	biblisk	['biblisk]
Old Testament	Gamla Testamentet	['gamla testa'mentet]
New Testament	Nya Testamentet	['nya testa'mentet]
Gospel	(ett) evangelium	[ɛvaŋ'elium]
Holy Scripture	Den heliga skrift	[den 'heliga skrift]
heaven	Himmelen, Guds rike	['himmelen], [guds 'rike]
Commandment	(ett) bud	[byd]
prophet	(en) profet	[pru'fet]
prophecy	(en) profetia	[prufe'tsia]
Allah	Allah	['ala]
Mohammed	Muhammed	[my'hammed]
the Koran	Koranen	[ku'ranɛn]
mosque	(en) moské	[mus'ke]
mullah	(en) mullah	[my'la]
prayer	(en) bön	['bøn]
to pray (vi, vt)	att be	[at bɛ:]
pilgrimage	(en) vallfart	['vaʎ'fa:t]
pilgrim	(en) vallfärdare	['vaʎ'fɛ:darɛ]
Mecca	Mecka	['mekka]
church	(en) kyrka	['ɕyrka]
temple	(ett) tempel	['tɛmpeʎ]
cathedral	(en) domkyrka	['dɔm'ɕyrka]
Gothic (adj)	gotisk	['gɔtisk]
synagogue	(en) synagoga	['sinagɔga]
mosque	(en) moské	[mus'ke]
chapel	(ett) kapell	[ka'pɛʎ]
abbey	(ett) abbotsdöme	[ab'bɔtsdømɛ]

| convent | (ett) kloster | ['klɔstɛr] |
| monastery | (ett) kloster | ['klɔstɛr] |

bell (in church)	(en) klocka	['klɔkka]
bell tower	(ett) klocktorn	['klɔktu:n]
to ring (ab. bells)	att ringa	[at 'riŋa]

cross	(ett) kors	[kɔ:ʃ]
cupola (roof)	(en) kupol	[ky'pɔʎ]
icon	(en) ikon	[i'kɔn]

soul	(en) själ	[ʃɛʎ]
fate (destiny)	(ett) öde	[ø:dɛ]
evil (n)	(en) ondska	['unska]
good (n)	(en) godhet	['gudhet]

vampire	(en) vampyr	[vam'pir]
witch (sorceress)	(en) häxa	['hɛksa]
demon	(en) demon	[de'mɔn]
devil	(en) djävul	['jewyʎ]
spirit	(en) ande	['andɛ]

| redemption (giving us ~) | (en) frälsning | ['frɛʎsniŋ] |
| to redeem (vt) | att sona | [at 'suna] |

church service, mass	(en) gudstjänst	['gudɕenst]
to say mass	att hålla gudstjänst	[at 'hɔ:la 'gudɕenst]
confession	(en) bikt	[bikt]
to confess (vi)	att bikta sig	[at 'bikta sɛj]

saint (n)	(ett) helgon	['heʎgɔn]
sacred (holy)	helig	['helig']
holy water	(ett) heligt vatten	['helit 'vattɛn]

ritual (n)	(en) ritual	[rity'aʎ]
ritual (adj)	rituell	[rity'eʎ]
sacrifice	(ett) blot	[blut]

superstition	(ett) skrock	[skrɔkk]
superstitious (adj)	vidskeplig	['widʃəplig']
afterlife	livet efter detta	['liwet 'eftɛr 'detta]
eternal life	det eviga livet	[de 'ewiga 'liwet]

MISCELLANEOUS

198. Various useful words

background (green ~)	(en) grund	[grynd]
balance (of situation)	(en) balans	[ba'ʌans]
barrier (obstacle)	(ett) hinder	['hindɛr]
base (basis)	(en) bas	[bas]
beginning	(en) början	['børjan]

category	(en) kategori	[kategɔ'ri]
cause (reason)	(en) orsak	['uːʃʌk]
choice	(ett) val	[vaʌ]

coincidence	(ett) sammanfall	['samman'faʌ]
comfortable (~ chair)	bekväm	[bek'vɛm]
comparison	(en) jämförelse	['jəmføreʌsɛ]
compensation	(en) kompensation	[kɔmpensa'ʃun]

degree (extent, amount)	(en) grad	[grad]
development	(en) utveckling	['jutweklin]
difference	(en) skillnad	['ʃiʌnad]

effect (e.g. of drugs)	(en) effekt	[ɛf'fekt]
effort (exertion)	(en) ansträngning	['anstrɛnin]
element	(ett) element	[ɛle'ment]
end (finish)	(ett) slut	[slyt]
example (illustration)	(ett) exempel	[ɛk'sempeʌ]

fact	(ett) faktum	['faktum]
frequent (adj)	frekvent	[frek'vɛnt]
growth (development)	(en) ökning	['ɛknin]
help	(en) hjälp	[jəʌp]
ideal	(ett) ideal	[ide'aʌ]
kind (sort, type)	(en) gren	[gren]
labyrinth	(en) labyrint	[labi'rint]
mistake, error	(ett) fel	[feʌ]
moment	(ett) moment	[mu'ment]

object (thing)	(ett) föremål	['føremɔːʌ]
obstacle	(ett) hinder	['hindɛr]
original (original copy)	(ett) original	[ɔrigi'naʌ]

part (~ of sth)	(en) del	[dɛʌ]
particle, small part	(en) partikel, liten del	[par'tikeʌ], ['liten dɛʌ]
pause (break)	(en) paus	['paus]
position	(en) position	[pusi'ʃun]

principle	(en) princip	[prin'sip]
problem	(ett) problem	[prɔb'lem]

process	(en) process	[prɔ'sess]
progress	(en) progress	[prɔg'ress]
property (quality)	(en) egenskap	['ɛgenskɑp]
reaction	(en) reaktion	[reak'ʃun]
risk	(en) risk	[risk]
secret	(en) hemlighet	['hemlighet]
section (sector)	(en) sektion	[sek'ʃun]
series	(en) rad	[rɑd]
shape (outer form)	(en) form	[fɔrm]
situation	(en) situation	[situa'ʃun]
solution	(en) lösning	['løsniŋ]
standard (adj)	standard-	['stɑndɑːd]
standard (level of quality)	(en) standard	['stɑndɑːd]
stop (pause)	(ett) uppehåll	['upe'hɔːʎ]
style	(en) stil	[stiʎ]
system	(ett) system	[sis'tem]
table (chart)	(en) tabell	[ta'beʎ]
tempo, rate	(ett) tempo	['tɛmpu]
term (word, expression)	(en) term	[tɛrm]
thing (object, item)	(en) sak	[sak]
truth	(en) sanning	['saŋiŋ]
turn (please wait your ~)	(en) tur	[tyːr]
type (sort, kind)	(en) typ, slag	[tip], [slɑg]
urgent (adj)	brådskande	['brɔːʈskandɛ]
urgently	brådskande	['brɔːʈskandɛ]
utility (usefulness)	(en) nytta	['nytta]
variant (alternative)	(en) variant	[vari'ant]
way (means, method)	(ett) sätt	[sɛt]
zone	(en) zon	[sun]

CPSIA information can be obtained at www.ICGtesting.com
Printed in the USA
LVOW13s2029150714

394465LV00027B/1261/P